決算書はすべて立替金

北川勝也
KITAGAWA KATSUYA

幻冬舎MC

決算書はすべて立替金

目次

第2章

利益の本質とその再定義

第3章 「貸借対照表」と「損益計算書」の再解釈

第4章 「資金流入額」と「資金流出額」の把握

第5章 「経営計画の作成」

第6章 「会計ソフト」に「経営計画データ」を入力

第7章 「借入金の真実」

まえがき

本書『決算書はすべて立替金』は、経営の新たな視点を提供し、その視点を活用して経営活動をより明確に把握、分析、計画、予測、そして実行するための手助けを目指しています。

読者の皆様がこの視点を取り入れることで、自分のビジネスに対する理解を深め、組織への信頼を強化していただけることを願っています。

本書では、「立替金の視点」を通じて経営活動を再評価し、新たな経営のアプローチを提案します。

多くの方が決算書を理解するために簿記を学び、経営分析のスキルを磨いてきたことでしょう。

また、経営計画を立て、実践に活かそうと努力されたことと思います。

しかし、いざ決算書を目の前にすると、その内容に対する理解が十分でないと感じたり、完全には納得できない、あるいは確信が持てないと感じることはありませんか？

その原因の一つは、売上が「立替金の回収（売上）」であり、費用が「立替金の支出（費用）」であるという視点から、「決算書」の「貸借対照表」と「損益計算書」を適切に理解し、アプローチできていないことにあります。

本書では、「売上」や「費用」という一般的な概念ではなく、「立替金の回収（売上）」と「立替金の支出（費用）」という視点で経営と資金繰りを考えることを提案します。

この視点を持つことで、決算書をより深く理解し、現状の把握だけでなく、効果的な経営計画や資金繰りの策定が可能となります。

また、本書では「決算書」に記載されている「現預金」を「預り資金」として表現しています。

「決算書」における「現預金」とは何かというと、実際には「出資者」や「融資者」が利益を得るために、あなたの会社が商品やサービスを提供された際に発生した債権を「供給者」から買い取るために、あなたの会社に預けているお金です。

この説明に少し戸惑うかもしれませんが、この事実を理解することは「決算書」を正しく読み解く上で不可欠です。

心配しないでください。本書を読んでいただければ、きっと理解していただけるでしょう。

ただ、手元にある資金は「供給者」への支払いや「融資者」への借入金返済に使用されるため、この重要な視点が見落とされやすいのも事実です。

また、簿記の学習においても混乱を避けるため、「預り資金」という表現は一般的には使われていません。

その結果、「現預金」の本来の役割について曖昧な理解をしている人が少なくないと思います。

「現預金」は、単に会社が自由に使える資金ではなく、「出資者」や「融資者」から一時的に預けられた資金、すなわち「預り資金」として捉えるべきものです。

この視点に立てば、会社はその資金を適切に運用し、「出資者」や「融資者」の期待に応えて利益を生む責任を負っていることが明確になります。

彼らが会社に資金を預ける目的は、最終的に利益を得るためです。

言い換えれば、あなたは経営活動において、供給者の債権に利益を上乗せし、それを「出資者」や「融資者」に売却しているのです。

つまり、「出資者」や「融資者」に媚びる必要はなく、関係は対等であるということです。この原理を理解することで、企業の財務管理における資金運用の責任感が強調され、「出資者」や「融資者」との関係性もより明確に意識されるようになります。

企業は、資金提供者の信頼に応え、適切な資金運用を行う責任を常に念頭に置くべきです。

まとめると、「現預金＝預り資金」という視点は、経営者に対し、単なる資金運用にとどまらず、資金提供者の期待に応えるという重要な責務を再認識させるものであり、この理解が健全な経営判断につながるでしょう。

なお、本書における簿記の仕訳表現は、上段を「借方」、下段を「貸方」として整理しています。

本書の構成は以下の通りです。

第1章「経営の本質」では、「経営」とは何かを「立替金の視点」から再定義し、成功する経営のキーポイントや経営者の役割と責任について考察します。

第2章「利益の本質」では、「利益」とは何かを「立替金の視点」から解説し、ビジネスの分析や戦略策定における具体的な指針を提供します。

第3章「貸借対照表と損益計算書の解釈」では、「貸借対照表」と「損益計算書」を

「立替金の視点」から理解し、企業経営に必要不可欠な資金繰りと、自社状況を把握する能力を養います。

第4章「資金流入額」と「資金流出額」の把握では、決算書を通じて資金の動きを具体的に算出する方法をお伝えします。

第5章「経営計画の作成」では、前章の理解を踏まえ、「経営計画売上高」から「経営計画損益計算書」の作成、「資金流入額」と「資金流出額」の把握から、必要調達資金を明確にし「経営計画貸借対照表」を作成する方法をお伝えします。

第6章「会計ソフト」に「経営計画」データを入力では、「経営計画」の予測仕訳データを会計ソフトに入力する手順をお伝えします。「会計ソフト」の活用を強くお勧めします。

第7章「借入金の真実」では、「立替金の視点」が弱いことにより誤った経営判断が発生する可能性をお伝えし、そこから見える「借入金」との付き合い方をお伝えします。

各章の理解と実践により、自信をもって経営に取り組み、従業員、供給者、そして、融資者の信頼と協力を得、あなたの事業が発展することを目標としております。

では、第1章「経営の本質」から始めましょう。

第1章

経営の本質と立替金の視点

この章では、「経営」とは何かを「立替金の視点」から再定義し、成功する経営のキーポイントや経営者の役割と責任について考察します。

1 経営とは何か

経営とは、組織の目的を達成するために資源を効果的に管理し、成果を最大化するプロセスです。

伝統的な経営理論では、収益の最大化やコスト削減が主な目標とされていますが、本書では「立替金の視点」から経営を再定義します。

経営の定義にはさまざまな要素がありますが、本書で焦点を当てるのは、決算書を経営に活かす視点を習得することです。

ここでは、経営を次のように定義します。

経営とは、企業が商品やサービスを提供するために「立替金の支出（費用）」を行い、その提供によって得られる「立替金の回収（売上）」の差額（利益）を最大化する活動である。

この定義では、企業が支出した立替金をどのように回収し、利益を最大化するかが中心的なテーマとなります。

2 立替金の視点で見る経営

「立替金の視点」を取り入れることで、従来の売上や費用の捉え方とは異なる新しい経営観が浮かび上がります。

この視点では、すべての費用はお客様のために立て替えた支出とみなし、その立て替えた金額に対して適正な手数料を上乗せして回収することが経営活動の本質と捉えます。

また、この視点から見ると、赤字は「立て替えた費用をお客様から回収できていない」状態であり、異常な状況と認識すべきです。

多くの企業は、「コストは避けられない」「競争のために価格を下げざるを得ない」などと考えがちですが、これらは経営の問題を隠す言い訳に過ぎません。

具体的な課題の解決方法としては、以下の点が挙げられます。

立替金の回収の徹底：立て替えた費用をお客様から適切に回収できない場合、経営は継続困難になります。

このため、経営者は回収可能なビジネスモデルを構築し、必要に応じて戦略的な撤退を検討することも重要です。

インフレを利用した戦略的判断：借入金が増え続ける場合、インフレを見越して赤字を抑える戦略も一つの選択肢です。

3 経営者の役割と責任

経営の核心は「お客様のために立て替えた金額を適正な手数料と共に回収する」ことにあります。

経営者は、この立て替えと回収のサイクルを適切に管理することで、企業の健全性を保ちつつ、持続的な成長を実現する責任があります。

この視点を持つことで、経営者は単なる価格競争や費用削減に終始するのではなく、適正な価格設定と利益の追求を通じて、企業の健全性を維持することができます。

また、従業員の協力を得るための信頼関係の構築も、経営者の重要な役割です。

簿記の知識も、経営者が「立替金の視点」をより明確に理解するためのツールとなります。

簿記は経営の本質を表現する「言語」であり、その理解を深めることで、経営者はより効果的な経営判断を下し、企業の成長を促進することが可能です。

4 持続的成長と価値創造

経営とは、立て替え、回収、そして再度の立て替えというサイクルを繰り返すプロセスです。

このプロセスを通じて、組織は成長し、進化します。

その中心には常にお客様が存在し、お客様のための価値創造と、その価値の適正な回収が求められます。

この視点を忘れずに日々の経営活動に取り組むことで、組織は持続的な成長と発展を遂げることができます。

この実践は経営者の役割であり、その責任でもあります。

この理解こそが、すべての経営者にとって成功への鍵となるのです。

第2章

利益の本質とその再定義

この章では、「立替金」という視点から利益を理解することの重要性について解説します。

「立替金の視点」を用いることで、ビジネスの現状把握や分析、そして戦略の策定において、具体的で有効な指針を提供します。

この新しい視点を取り入れることで、企業はより正確で効果的な意思決定を行い、事業の利益を最大化するための道筋を見つけることができます。

1 利益の基本的な考え方

利益とは、第1章「経営の本質」で説明した定義に基づき、次のように表されます。

差額（利益）＝立替金の回収（売上）－立替金の支出（費用）

この式は、企業が利益を生むためには、収入（売上）が支出（費用）を上回る必要があることを示しています。

2 利益に対する誤解とその影響

企業経営において、利益を明確に数値化しないと、利益を上げる行為が「お客様から過剰に利益を搾取している」と誤解されることがあります。

さらに深刻なのは、この誤解から生じる状況です。

実際には、企業はお客様のために「立替金の支出（費用）」を行っていますが、それをお客様から「立替金の回収（売上）」として取り戻せない場合、すなわち赤字である場合でも、企業は罪悪感を感じてしまい、適正な価格設定や交渉ができなくなることがあります。

このような問題は、「立替金の視点」が欠けているために発生します。

3 「立替金の視点」が欠けていることによる問題

「立替金の視点」を欠いていると、企業は次のような問題に直面します。

①経営の不透明性：経営の実態が正確に把握できないため、戦略の誤りや資金繰りの問題が発生しやすくなります。

②誤った意思決定：明確な数値に基づかない感覚的な判断により、利益を損なう方向へと意思決定を行ってしまうリスクが高まります。

③価格戦略の失敗：お客様を喜ばせることを優先するあまり、価格を下げすぎてしまい、結果として「立替金の支出（費用）」を「立替金の回収（売上）」でカバーできないという事態に陥ることがあります。

4 利益を最大化するための視点

「立替金の視点」を用いることで、企業は利益をより効果的に最大化するための戦略を立てることができます。

これは、企業の収益性を高めるために重要な視点であり、適正な利益を確保するための基盤となります。

企業は、利益を上げるためにはただ価格を下げるだけでなく、付加価値を提供し、顧客との関係性を深めることで、収益を増やすことが求められます。

「立替金の視点」を持つことで、企業は経営の全体像を正確に把握し、適切な価格設定と収益性の維持を行い、持続可能な成長を遂げることができるのです。

4－1 一つ目の視点：立替金の支出の明確化と効率化

一つ目の視点は、「立替金の支出（費用）」の明確化と効率化です。

ここでは、企業がどれだけお客様のために立替金の支出をしてきたか、現在しているか、また将来どれだけの支出を予定しているかを明確にすることが重要です。

立替金の支出を明確にすることの重要性

企業が「立替金の支出（費用）」を明確にしないまま、ただ競合他社よりも低価格を設定する戦略を取っている場合、顧客を引きつけることができても、その先に利益が生まれない可能性があります。

低価格戦略が成功するためには、獲得した顧客による効率化が進み、その結果として利益が出ることが条件となります。

しかし、これが達成できない場合、単に価格を下げることでは事業の継続が困難になることがあります。

「立替金の支出（費用）」の明確化と効率化

「立替金の支出（費用）」を明確化することにより、企業はどのようにして売上を増加させ、また顧客数を増やしていくかという効率化目標を立てることができます。

そして、その目標を達成するためには、明確な計画と実行が必要です。

具体的には、「立替金の支出（費用）」以上の「立替金の回収（売上）」が可能な顧客を獲得しなければ、事業の継続は難しくなります。

効率化の過程で、企業は次のような戦略を取ることが考えられます。

①適正な価格設定：適正な価格で取引してくれる顧客を見つけることで、長期的な利益を確保する。

②顧客の見直し：必要に応じて、利益を生まない長年の顧客との関係を見直し、一時的に別れることも考慮する。

③コスト削減とプロセス改善：内部のコスト削減や業務プロセスの改善を行い、支出の効率化を図る。

これらの取り組みにより、企業は一時的に効率が悪化し、利益が減少することがあるかもしれません。

また、追加の資金調達が必要になる場合もあります。

しかし、これらは新たな経営構造を構築し、長期的な成長と持続可能性を確保するために必要なステップです。

経営者の役割は、これらの課題に柔軟に対応しながら、企業の利益を最大化するための道筋を導き出すことです。

4-2 二つ目の視点：顧客想定原価の最大化

二つ目の視点は「顧客想定原価」の最大化です。

この視点では、企業が提供する商品やサービスの価格設定を効果的に行い、売上を増加させる方法について考えます。

「立替金の回収（売上）」は、次の2つの要素から成り立っています。

①「顧客想定原価」：これは、お客様が企業の商品やサービスの提供を受けるために、企業が立て替えたと想定する金額のことです。

言い換えれば、お客様が「この商品やサービスにはこれだけのコストがかかっているはず」と感じる金額です。

②「顧客想定利益」：これは、お客様がその商品やサービスに対して、「顧客想定原価」以上に支払っても良いと感じる追加の金額、つまり企業の利益部分を指します。

これら2つの要素の合計が「立替金の回収（売上）」となります。算式で表すと、

「立替金の回収（売上）」＝「顧客想定原価」＋「顧客想定利益」

となります。

「顧客想定原価」の最大化とは、単に企業の「立替金の支出（費用）」を増やすことではありません。

企業が事業を継続するためには、技術の向上や設備の更新などへの投資が必要不可欠です。

また、競争が激しい市場で競合他社と競い合うためには、これらの投資は競合他社と同等か、それ以上であることが理想的です。

そのため、将来の投資額も考慮に入れて、お客様には「顧客想定原価」をしっかりと感じてもらうことが重要です。

これが「顧客想定原価」の最大化です。こうした必要な「立替金の支出（費用）」を正しく「立替金の回収（売上）」として回収することで、企業は長期的なビジネス運営を安定化させることができます。

4-3 三つ目の視点：顧客想定利益の顕在化

三つ目の視点は、「顧客想定利益」の顕在化です。

ここで重要なのは、単に商品やサービスの付加価値を向上させることや、お客様の満足度を高めることで利益を増やすことではありません。

重要なのは、利益に対する正しい認識を持つことです。

利益は、実際のところ、取引先や供給者との関係が大きく影響します。

利益の大きさは、企業の努力だけでなく、その立ち位置やパワーバランスによっても決まります。

同じ活動をしていても、利益を出せる企業とそうでない企業が存在するのは、このためです。

利益を出すためには、取引先や供給者との間での立ち位置やパワーバランスの調整が重要です。

これは従業員ではなく、経営者が果たすべき役割です。

また、お客様は商品やサービスの選択を行う際に、それが企業によって提供される価格に見合ったものかどうかを無意識のうちに判断しています。

お客様は「企業が提供する商品やサービスに対して、自分が想定する『顧客想定原価』以上の金額を支払っても良い」と感じることができる金額、すなわち「顧客想定利益」について、意識的に考えているわけではありません。

しかし、競争環境によって価格は適正化され、事業内容や規模、地域、さらには取引先や供給者との関係性を踏まえ、統計資料等から、お客様から「立替金の回収（売上）」できる金額、そして「立替金の支出（費用）」する金額は予測でき、その差額として顕在化するものが「顧客想定利益」です。

このように、利益とは競争の中で顧客の意識的・無意識的な判断の結果として顕在化する「顧客想定利益」なのです。

重要なのは、この顕在化した「顧客想定利益」が、競争によって適正化された「立替金の支出（費用）」を前提としていることです。

したがって、企業は自社の「立替金の支出（費用）」を計算する際に、恣意的な支出の増減や特殊な要因（減価償却、保有資産、節税投資など）を考慮し、実質的に適正化した「立替金の支出（費用）」を算出しなければなりません。

数式で表すと、

「立替金の回収（売上）」≧適正化された「立替金の支出（費用）」＋「顧客想定利益」

であれば、問題のない状況といえます。

しかし、同族経営やグループ経営においては、恣意的な支出の増減や特殊要因が含まれているにもかかわらず、それを除外せず、「顧客想定利益」を認識しないまま経営計画を立案すると、多くの問題が生じる可能性があります。

例えば、優良企業であっても、償却済みの資産や保有土地の恩恵による一時的な利益が隠れている場合があります。

逆に、赤字企業であっても、実際には「立替金の支出（費用）」以外の支出、例えば高額な役員報酬や個人的な支出、不良資産の償却による赤字がある場合、実質的には「顧客想定利益」以上の利益を獲得している可能性もあります。

したがって、利益を最大化するためには、「顧客想定利益」を正確に理解し、適正な「立替金の支出（費用）」を計算して経営戦略を立てることが不可欠です。

これにより、企業は持続的な成長と安定した利益を確保することができます。

5「利益の本質」を踏まえた経営計画

企業が長期的に安定した成長を遂げるためには「利益の本質」を理解し、それを基にした経営計画を立てることが重要です。

ここでは、経営計画の立案手順を説明します。

経営計画の立案手順

①「顧客想定利益」の数値化

経営計画を立案する最初のステップは、自社の状況や統計資料を分析し、「予測限界利益」を考慮して「顧客想定利益」を数値化することです。

この数値化により、どれだけの利益を目指すべきかを明確にします。
②適正化された「立替金の支出（費用）」の算出
自社の実際の「立替金の支出（費用）」から、恣意的な支出や特殊要因（減価償却、保有資産、節税投資など）を排除して、適正化された「立替金の支出（費用）」を算出します。これにより、実際のビジネス運営に必要な真のコストを把握します。
③「経営計画売上高」の算出
経営計画における売上高を計算します。

これは、次の式で求められます。

「経営計画売上高」＝適正化された「立替金の支出（費用）」＋「顧客想定利益」

変動費がある場合は、変動費比率を考慮して次の式を使います。

「経営計画売上高」＝（適正化された「立替金の支出（費用）」＋「顧客想定利益」）÷（1－（変動費比率：変動費÷売上高））

もしこの「経営計画売上高」の達成が困難な場合、企業の「立替金の支出（費用）」が競合他社と比べて高いか、もしくは売上や顧客の増加による費用の効率化ができていない可能性があります。

この場合、「立替金の支出（費用）」の低減や効率化を実行する必要があります。

④「経営計画利益」の算出

最後に、「経営計画売上高」から実際の「立替金の支出（費用）」を差し引いて「経営計画利益」を算出します。

これは、次の式で求められます。

「経営計画利益」＝「経営計画売上高」－実際の「立替金の支出（費用）」

変動費がある場合は、変動費比率を考慮して次の式を使います。

「経営計画利益」＝「経営計画売上高」×（1－（変動費比率：変動費÷売上高））－実際の「立替金の支出（費用）」

6「利益の本質」を踏まえた経営計画を認識しない場合の問題点

①誤解を招く利益の認識：決算書上で利益が出ている場合でも、実際の「立替金の支出（費用）」が競合他社より少ない特殊要因によるものである場合、実質的な「顧客想定利益」は競合他社よりマイナスになっている可能性があります。

つまり、本来の「立替金の回収（売上）」が十分にできていないという問題が生じます。

②実質的な健全性の見落とし：一方で、決算書上では赤字であっても、実際の「立替金の支出（費用）」が競合他社より多い特殊要因がある場合、「顧客想定利益」は競合他社よりプラスであり、実質的には優良な状態である可能性もあります。

しかし、この状態にもかかわらず、利益が出ていないというだけで、価格の引き上げや過度な効率化を進めると、お客様や従業員、供給者の離脱などの問題が発生する恐れがあります。

これらの問題を避けるためには、「利益の本質」を正しく理解し、それに基づいた経営計画を立てることが不可欠です。

7 適正化された「立替金の支出（費用）」を考慮した経営計画の要素

適正な「立替金の支出（費用）」を算出するためには、次の具体的な要素を考慮する必要があります。

①減価償却資産の評価：減価償却資産については、償却が完了しており損益計算書上で

は0円であっても、新規に取得した場合の取得価格を見積もり、そして法定耐用年数ではなく、実質的利用可能年数から必要な回収額を見積もります。

②役員報酬や特殊支出の適正化：役員報酬の過大や過少、節税対策としての保険加入、特殊な関係から生じる支出などについては、業界の統計資料を参考にし、適正な額を見積もります。

③自社保有の建物・土地の評価：自社が保有する建物や土地などの資産は、近隣の市場相場を踏まえて適正な評価を行い、賃貸した場合の地代家賃を見積もります。

④同族・グループ経営による地代家賃の評価：同族企業やグループ経営による場合、地代や家賃が市場の相場よりも過大または過小に設定されていることがあります、これについても、近隣相場を考慮して適正な額を見積もります。

本章で述べた「利益の本質」を理解することは、ビジネスの成功にとって欠かせないステップです。

この理解は、次の三つの視点から捉えることで達成されます。

一つ目の視点である「立替金の支出（費用）」の明確化と効率化、

二つ目の視点である「顧客想定原価」の最大化、

そして、三つ目の視点である「顧客想定利益」の顕在化です。

これらの要素を深く理解し、実際の経営に適用することで、経営活動がより明確になり、把握、分析、計画、予測、そして実行のサイクルをスムーズに進めることが可能となります。

第3章

「貸借対照表」と「損益計算書」の再解釈

この章では、「立替金の視点」から「貸借対照表」と「損益計算書」を解釈する方法について説明し、「立替金」の状況を正確に把握できる能力を身に付けることを目指します。

第1章「経営の本質」や第2章「利益の本質」で述べたように、経営活動はすべて「立替金」の概念に基づいて行われています。

言い換えれば、「決算書」は企業の経営活動における「立替金」の流れや状態を表現しているに過ぎません。

この視点を持つことで、「決算書」を真に理解し、分析し、そして活用することが可能になります。

例えば、「自己資本比率が高ければ良い」という考え方は、必ずしも企業の実際のビジネス状況や成長戦略を十分に反映していないことがあります。

特に、企業が事業拡大を目指して借入金を活用する場合、借入金の増加により一時的に自己資本比率が低下することがあります。

しかし、これは事業拡大という戦略的な目標に基づいた決定であり、その投資が将来的に成果を生むと見込まれる場合、自己資本比率の低下は必ずしも経営上の問題を示すものではありません。

このような理解を持つことで、「決算書」の本質を捉え、その数値を正確に解釈し、それを基に適切な経営判断を行うことが可能になります。

これは経営者として、またビジネスに関わるすべての人々にとって重要なスキルです。

多くの人は決算書を「損益計算書」が「売上」と「費用」を計算し、その結果を利益として表示するもの、「貸借対照表」が「資産」「負債」「純資産」の現状を示すものとして理解しています。

これは会計の基本的な理解であり、間違ってはいません。

しかし、「立替金の視点」からこれらの会計報告書を解釈することが、経営者やビジネスマネージャーにとっては非常に重要です。

すなわち、企業は立替金を支出し、その後の営業活動で立替金を回収し、その差額が利益となるという視点です。

この視点を持つことで、決算書の各項目が実際の経営活動とどのように連動しているか、資金の調達や運用がどのように表現されているかをより深く理解することができます。

これにより、より具体的な経営判断や戦略的な意思決定に活用できるようになるのです。

残念ながら、多くの経営者や経営コンサルタント、金融機関の専門家たちは、この「立替金の視点」を持っていないため、決算書の真の意味を十分に理解し、活用できていない可能性があります。

この状況を改善するためには、「立替金の視点」を持つことの重要性を広く認識する必要があります。

次に、「立替金の視点」から「貸借対照表」と「損益計算書」をどのように解釈するかについて、詳しく説明していきます。

1 「貸借対照表」－「資産の部」の本質

「貸借対照表」の「資産の部」は、「立替金の視点」から9つに分解されます。

企業活動において、お客様からの「立替金の回収（売上）」が必要な「立替金の支出（費用）」を明確に把握するために、この分解をします。

それぞれの分類とその詳細は以下の通りです。

①「預り資金」：企業が日々の支払いや運営に備えて保有している流動資金。

これらの資金は、企業の支払資金として使用されるもので、拘束されていない状態で現金や銀行預金として存在します。

ただし、供給者への支払い前にお客様から回収した金額や前受金、納税消費税などは、実質的に支払いが拘束されているため、余裕資金には含めず除外する必要があります。

POINT

勘定科目：現金・当座預金・普通預金など。

②「預け預り資金」：企業が節税、投資、リスク対策のために保有している資産で、通常の資金流出とは異なり、お客様からの「立替金の回収（売上）」には関与しません。

これらは企業の判断で「預り資金」として利用可能です。

POINT

勘定科目：定期預金・定期積金・前払保険料・保険積立金・有価証券など。

③「売上債権」：企業が商品やサービスを提供した後、お客様から回収すべき金額が確定している債権。

一定期間の現金売上額と「売上債権」からの回収額は、その回収額に対応する商品やサービスを提供するために、お客様のために支出したすべての「立替金（費用）」に、利益を加算（または損失を減算）した金額に相当します。

この回収額は、再度お客様のための「立替金の支出（費用）」や融資者への借入金の返済に充てられ、企業の資金として循環しています。

POINT
勘定科目：受取手形・売掛金・未収入金など。

④「棚卸資産」：企業が販売目的で保有している商品、製品、原材料などの資産。この「棚卸資産」は、お客様への販売を通じて、他のお客様のため「立替金の支出（費用）」と利益部分を回収するための基礎となります。

POINT
勘定科目：商品・製品・半製品・原材料・貯蔵品など。

⑤「減価資産」：使用や時間の経過によって価値が減少する資産で、減価償却を通じてその価値をお客様から間接的に回収します。

これらの資産の価値減少は「立替金の支出（費用）」として認識しなければなりません。

POINT

勘定科目：前払費用・有形固定資産・無形固定資産・敷金・長期前払費用・繰延資産など。

⑥「非減価資産」：時間の経過によって価値が減少しない資産。

これらの資産を取得するための借入金に対しては、賃貸料の相場を考慮して、お客様からの「立替金の回収（売上）」を行い、借入金の返済資金を確保する必要があります。

返済資金の確保が不要な土地に関しては、その土地に対する返済義務がある他の競合企業や、土地賃料を支払っている企業よりも、お客様からの「立替金の回収（売上）」を少なく抑えることができるという利点があります。

POINT

勘定科目：土地・借地権・出資金・敷金・保証金など。

⑦「預り保有資産」：将来の特定の支払い義務に備えて保有している資産。

退職金、修繕費、損害賠償、解体費、災害費など、将来的に支出が見込まれる費用を、お客様のために「立替金の支出（費用）」として捉え、その費用をお客様から「立替金の回収（売上）」で得た金額をもとに、「預り資金」とは別に保有しているもの。

POINT
勘定科目：定期預金・定期積金・前払保険料・保険積立金・有価証券など。

⑧「付随資産」：企業の活動において付随的に発生した、お客様から「立替金の回収（売上）」をしない、もしくは未確定なもの。

POINT
勘定科目：短期貸付金・前渡金・立替金・仮払金・仮払消費税等・未収消費税等など。

⑨「不良資産」：お客様のために「立替金の支出（費用）」をしたが、回収が不可能な資産や、減価が発生している資産。

POINT

勘定科目：回収不能売上債権・回収不能棚卸資産・未稼働有形固定資産・未利用無形固定資産・「非減価資産」の減価金額（簿価－時価）。

※「簿外資産」：簿外資産は、企業の財務諸表に直接記載されていない資産ですが、財務分析や経営計画の妥当性を評価する際に非常に重要な要素です。

これらの資産を「貸借対照表」に適切に織り込むことで、企業の財務状況をより正確に反映させることが可能です。

特に、設備投資に伴う特別償却等、短期間償却は実態として、再取得価格との差額を含み益とみなす処理が必要です。

次のような仕訳で「貸借対照表」に反映させます。

・簿外保険がある場合

「預け預り資金」／「預り資金出資資本金」、「預り保有資産」／「預り保有資産資金出資資本金」。

・機械装置に含み益がある場合

「機械装置」／「減価資産資金出資資本金」。
・未稼働設備等に含み損がある場合
「減価資産資金出資資本金」／「減価資産」。
・土地に含み益がある場合
「土地」／「非減価資産資金出資資本金」。
・土地に含み損がある場合
「非減価資産資金出資資本金」／「土地」。

これらの処理を行うことで、企業の実態を財務諸表に反映させ、より信頼性の高い財務情報を提供することができます。

2「貸借対照表」－「負債の部」・「純資産の部」の本質

「貸借対照表」における「負債の部」および「純資産の部」を分解する目的は、「資産の部」でお客様のために「立替金の支出（費用）」を把握することとは異なります。

これらを分解する主な目的は、融資者や出資者に対して資金調達の理由や必要額を明確に説明し、さらにお客様からの「立替金の回収（売上）」の状況を示して、返済が可能であることを伝え、資金繰りの協力を得るためです。

多くの人はこの視点で「負債の部」や「純資産の部」を捉えたことがないため、理解が難しいと感じる部分があります。

経営活動における資金の動きについて、お客様のための「立替金の支出（費用）」による資金の流出と、支出と回収のタイムラグを埋めるために調達した資金の返済を混同し、これを明確に分解していないために問題が生じることがあります。

供給者（設備購入先、初期費用支払先、仕入先、外注先、経費支払先、従業員など）に対する支払い、すなわちお客様のための「立替金の支出（費用）」による資金の流出です。

そして、お客様からの「立替金の回収（売上）」による資金の流入があります。

単にこの資金流出と資金流入のタイムラグを埋めるための資金繰りの結果として生じるのが「負債の部」や「純資産の部」です。

そのため、このタイムラグを埋めるために、融資者や出資者から調達し供給者に支払った「立替金の支出（費用）」は、最終的にはお客様から「立替金の回収（売上）」によって回収されるということです。

ここで重要なのは、融資者への返済は決してお客様のための「立替金の支出（費用）」

ではなく、ただタイムラグを埋めるためのものであるという認識です。

このタイムラグによって発生している「負債の部」や「純資産の部」の状況を把握するためには、これらを調達先ごと、調達内容ごとに分類します。

これにより、資金の流れをより詳細に理解し、経営資源の管理や戦略的な意思決定が可能となります。

以下に「負債の部」と「純資産の部」をこの視点から分解します。

その後、理解を深めるための説明を続けます。

①「供給者未払額」：企業が供給者（仕入先、外注先、製造経費支払先、従業員、社会保険事務所、税務署、市役所、経費支払先）に支払うべき未払いの金額です。

POINT

勘定科目：支払手形、設備支払手形、買掛金、未払費用、未払金、預り金など。

②「融資調達借入金」：融資者から調達した借入金とその調達内容による概算金額

融資者から調達した資金を目的別に分解したものです。

・「預り資金借入金」：「預り資金」＋「預け預り資金」－「預り資金出資資本金」
・「運転資金借入金」：「売上債権」－「供給者未払額」－「運転資金出資資本金」
・「在庫資金借入金」：「棚卸資産」－「供給者未払額」－「在庫資金出資資本金」
・「減価資産資金借入金」：「減価資産」の未償却残高－「減価資産資金出資資本金」
・「非減価資産資金借入金」：「非減価資産」の時価－「非減価資産資金出資資本金」
・「赤字補填資金借入金」：「不良資産」＋「累計赤字額」－「赤字補填資金出資資本金」

POINT
勘定科目：短期借入金、長期借入金など。

③「出資調達資本金」：出資者からの調達した資本金
企業が出資者から調達した資本金を目的別に分解したものです。
・「預り資金出資資本金」
・「運転資金出資資本金」
・「在庫資金出資資本金」
・「減価資産資金出資資本金」

・「非減価資産資金出資資本金」
・「赤字補填資金出資資本金」

POINT
勘定科目：資本金、資本準備金、利益準備金、繰越利益など。

④「付随負債」：企業の活動において付随的に発生したもので、直接お客様のための「立替金の支出（費用）」とは関係がない、または未確定な負債です。

POINT
勘定科目：未払配当金、未払法人税等、未払消費税等、前受金、仮受金、仮受消費税等など。

このように「負債の部」および「純資産の部」を細分化することで、企業の資金調達の内容やその理由をより具体的に理解することができ、資金繰りの戦略や融資の交渉に役立てることができます。

お客様から「立替金の回収（売上）」をする前に、企業は先行して供給者に対して「立替金の支出（費用）」として資金を支払う必要があります。

この支払いのタイムラグを埋めるために、「融資調達借入金」と「資本調達出資金」が必要となります。この状況を表しているのが「貸借対照表」の「負債の部」と「純資産の部」です。

なぜ「負債の部」と「純資産の部」を調達先ごと、調達内容ごとに分類する必要があるのでしょうか。

理論的には、企業がお客様のために「立替金の支出（費用）」をしたとしても、供給者（例えば、設備購入先、不動産購入先、仕入先、外注先、経費支払先、従業員など）が、お客様から「立替金の回収（売上）」をするまで支払いを待ってくれるのであれば、融資者からの借入金や出資者からの資本金は不要です。

しかし、現実の経営ではそのようなことはありません。

実務では、供給者は「立替金の回収（売上）」を待たずに支払いを求めます。

そのため、企業はこの先行して発生する支払いをカバーするために、融資者から借入金を調達し、また出資者から資本金を受け入れる必要があります。

3 調達が必要な資金

①「預り資金」：供給者の債権を融資者や出資者が引き取るために、会社が一時的に預かっている資金のこと。

POINT

資金の流入額と流出額を見越し、必要な額を「預り資金」として調達し保有する必要があります。

②「運転資金」：企業活動において継続的に発生する人件費、販売費、管理費などの支出については、その支払い先（従業員や経費支払先）に対して、実際にお客様から「立替金の回収（売上）」を行う前に支払わなければなりません。

POINT

この支払いをするための資金は「運転資金」として調達する必要があります。

③「在庫資金」：企業活動で購入や製造した棚卸資産に関しては、その資産を提供する供給者（仕入先、外注先、製造経費支払先）に対して、お客様から「立替金の回収（売上）」を得る前に支払いを行う必要があります。

POINT

この支払いをまかなうための資金は「在庫資金」として調達する必要があります。

④「減価資産資金」：企業活動で「減価資産」を取得した場合、その資産を提供する供給者（開業費支払先、設備購入先、前払費用支払先）に対して、お客様から「立替金の回収（売上）」を得る前に支払いを行わなければなりません。

POINT

この支払いをするための資金は「減価資産資金」として調達する必要があります。

⑤「非減価資産資金」：企業活動で「非減価資産」を取得した場合、その資産を提供する供給者（土地購入先、借地権購入先）に対して、お客様から「立替金の回収（売上）」を得る前に支払いを行う必要があります。

POINT

この支払いに必要な資金は「非減価資産資金」として調達しなければなりません。

⑥「赤字補填資金」：これは、お客様のために「立替金の支出（費用）」を行ったにもかかわらず、その費用をお客様から「立替金の回収（売上）」として回収できなかったことによる資金の流出、災害・損害賠償による突発的な資金の流出を指します。

POINT

この資金流出額は、今後の売上から回収することが理論上不可能であるため、失われた資金を補うために「赤字補填資金」として調達しなければなりません。

これらの必要な資金を融資者から調達する場合、それは借入金となり、出資者から調達する場合は資本金となります。

ここで、融資者の立場を考えてみましょう。

融資者としては、貸したお金が回収できるかどうかが最大の関心事です。

融資が本当にタイムラグを埋めるための資金であり、その企業がお客様から「立替金の回収（売上）」を行い、きちんと返済してくれるのかが重要です。

一方で、融資が「赤字補填資金」のように、売上からの回収が見込めない用途に使われている場合、返済されないリスクがあります。

そのため、融資者は「決算書」から以下のことを確認しようとします。

・企業の活動が適正に行われているか。
・お客様から「立替金の回収（売上）」が適正に行われているか。
・供給者への支払いが先行して行われているが、最終的にはお客様からの「立替金の回収

（売上）」によって返済が見込めるか。

このような分析を通じて、融資者は「この企業はお客様からの回収見込みがあるので融資しても大丈夫だ」と判断するか、「回収見込みがないので融資は控えよう」と判断します。

適正な資金の流出があり、その資金が最終的にお客様から「立替金の回収（売上）」をできる見込みがない場合、誰も融資や出資をしてくれません。

したがって、経営者は、企業活動で必要とされる資金の理由と金額、そしてその金額をお客様から「立替金の回収（売上）」する期間をしっかりと理解していなければならないのです。

ちなみに、融資者である金融機関や保証協会は、過去の膨大なデータから「決算書」を分析し、回収可能率を算出しています。

その回収可能率を基に融資の判断を行っています。

これは理論的に、企業がお客様から「立替金の回収（売上）」をできる可能性と一致しています。

この現状を踏まえると、自社の「決算書」が融資者のデータ分析による回収可能率（または回収不能率）にどう評価されるかを把握しておくことも非常に重要です。

ここまでで、お客様からの「立替金の回収（売上）」が経営の前提であることの認識が必要であることを説明しました。

次に、企業経営の中で「融資調達借入金」がどのように増減するかについて説明していきます。

この理解を深めることで、漠然としていた「融資調達借入金」の残高について、より具体的で明確な認識を持つことができるようになります。

・「預り資金借入金」「運転資金借入金」「在庫資金借入金」の増減について

企業が事業を継続する限り「預り資金借入金」「運転資金借入金」「在庫資金借入金」は常に必要です。

これらの借入金は、企業活動が終了し、供給者への支払いがなくなった場合に、お客様からの「立替金の回収（売上）」を通じて最終的に返済されるものです。

事業が成長し、規模が拡大するに伴い「預り資金」「運転資金」「在庫資金」はそれに比例して増加します。

成長に伴う追加の資金需要を満たすために、企業は融資者や出資者から資金を調達しなければならず、その結果として借入金が増加することになります。

重要な点は、融資者に対して、決算書や事業内容を通じて、増加している借入金が「預り資金借入金」「運転資金借入金」「在庫資金借入金」であることを明確に説明することです。

これは、事業の継続性や成長に伴う資金需要を反映したものであり、企業が事業を縮小または停止しない限り、元金返済が不要である性質のものであると理解してもらうためです。

融資条件の交渉では、元金返済をしない、実質的な長期間の返済猶予を求めることが重要です。

信用度が高い企業の場合、融資者は実質的に元金返済を求めない条件を提示することが多いですが、設立間もない企業では「運転資金」として判断されても、元金返済のある融資条件となることが一般的です。

その場合、企業は「運転資金」による資金流出が正常にお客様からの「立替金の回収(売上)」によって補填されていることを示し、既に返済された「運転資金借入金」と、売上増加に伴う追加の「運転資金借入金」を新たに申し込む必要があります。

現実的には、融資が担保や連帯保証人に基づいて実行される場合もありますが、企業の成長に伴う更なる資金調達を実現するためには、経営者自身の実績と説明能力により「預り資金借入金」「運転資金借入金」「在庫資金借入金」を継続的に調達し続けることが求められます。

この調達能力の限界が、その企業の事業規模の限界ともなり得ます。

事業が拡大し、供給者への支払いが増加した際、必要な「運転資金」を調達できなければ、黒字であっても倒産する「黒字倒産」のリスクがあります。

これは、「運転資金」の調達不足によるものであり、避けなければなりません。

企業は、目標とする売上を達成する際に必要となる追加の「運転資金」がどれくらいかを、事前に「決算書」を基に算出し、融資者に協力を求めておく必要があります。

これにより、事業の資金繰りを安定させ、成長のための資金を確保することが可能となります。

企業が成長する中で、適切な資金管理と融資交渉を行うことで、持続的な事業運営を実現できるのです。

・「減価資産借入金」の増減について

企業が「減価資産借入金」を調達する場合、融資者はその資産がどれくらいの期間にわたってお客様から「立替金の回収（売上）」を生み出すかを見積もり、その期間に応じて元金を分割して返済する条件で融資します。

実務では、税務上の法定耐用年数に基づいた期間での分割返済が一般的です。

この返済期間内にお客様から「立替金の回収（売上）」が十分にできれば問題ありませんが、実際には設備の使用期間が融資の返済期間を超えることがあります。

例えば、運送会社がトラックを購入した場合、税務上の法定耐用年数は4年とされていますが、トラック自体は10年以上稼働するのが一般的です。

ライバルとの激しい競争の中で、4年間でお客様から「立替金の回収（売上）」を完了することは難しく、実際には10年かかるということも考えられます。

もし「減価資産借入金」が4年間の返済条件であれば、企業は短期間での返済を強いられます。

この場合、お客様から「立替金の回収（売上）」が完了していないにもかかわらず、返済が進むことで「預り資金」が減少し、その不足を補うために「運転資金借入金」や「在庫資金借入金」を調達することになります。

これにより、本来必要とされる以上の「運転資金借入金」や「在庫資金借入金」が発生し、融資者は事業が実質的に赤字である可能性を疑い、融資条件の見直しを行う可能性があります。

もし融資者が資金を引き揚げることになれば、企業の事業規模は縮小を余儀なくされます。

この問題を回避するためには、経営者が「減価資産」の実際の使用期間を考慮し、融資者と返済期間について交渉することが重要です。

また、お客様からの「立替金の回収（売上）」額以上に返済してしまった場合には、「減価資産」の実質的な価値も考慮し、再度「減価資産資金借入金」として資金を融資者から調達する必要があります。

この対応を怠ると、「預り資金」が枯渇し、「運転資金借入金」や「在庫資金借入金」の名目で追加の融資を求めても融資者の理解を得られず、「黒字倒産」というリスクが発生する可能性があります。

したがって、適切な資金管理と融資者との透明なコミュニケーションが求められます。

・「非減価資産借入金」の増減について

「非減価資産借入金」を管理する際には、特に注意が必要です。

この借入金は、融資者が「非減価償却資産」の時価や換金可能な金額を基に融資を行います。

融資者は「非減価資産」の時価に基づいて賃借料の相場を考慮し、その賃借料をお客様のための「立替金の支出（費用）」とみなし、お客様から「立替金の回収（売上）」を見込んで返済期間を設定します。

しかし、「非減価資産」は減価償却費が発生しないため、これに関連する収益が課税所得として計上され、結果として税金の支出が増える可能性があります。

お客様から「立替金の回収（売上）」を行っていたとしても、現実的にはできていないということです。

融資者もこのリスクを認識しているため、返済された「非減価資産借入金」に対しては、時価を再評価したうえで、再度融資を行います。

ただし、この再融資が「運転資金借入金」や「在庫資金借入金」として名目変更されてしまうと「減価資産借入金」と同様の問題が発生します。

したがって「非減価資産借入金」を管理する際には、その資産の時価評価や換金可能性、税金支出の影響を十分に考慮する必要があります。

・「赤字補填資金借入金」の増減について

企業活動を続ける中で、たとえお客様のために「立替金の支出（費用）」を行ったとしても、必ずしもその全額をお客様から「立替金の回収（売上）」として回収できるわけではありません。

災害や損害賠償といった突発的な事象による資金の流出も、予期せず発生することがあります。

こうした予測不能な資金流出額は、今後の売上から回収することが理論上不可能であるため、その失われた資金を補填するために「赤字補填資金」として資金を調達する必要があります。

特に中小零細企業の場合、この資金を捻出する手段として、経営者であるあなたが個人資金を投入できることが望ましいです。

しかし、個人資金だけではまかないきれない場合、融資者の協力を得る必要があります。

もしあなたが融資者の立場だったとしたら、どのような条件で「赤字補填資金」を融資するでしょうか?　赤字補填のための資金を融資するということは、非常にリスクが高く、融資者にとっては大きな判断を迫られる局面です。

簡単に融資を承諾することは難しいということがわかるでしょう。

災害や損害賠償といった突発的な事象に備えるため、企業はあらかじめ保険に加入することが一般的です。

お客様のために「立替金の支出（費用）」を行った場合、その分の「立替金の回収（売上）」を確実に行うことが求められます。

資金繰りの管理やリスク対策を適切に行うことで、企業の経営安定性を高めることができるのです。

補足ですが、一般的に貸借対照表の「現預金」を「運転資金」として捉え、「運転資金」が減少しているので「運転資金」の確保が必要だと表現されることがありますが、これは誤りなのです。

正確には、「運転資金」を支払うための「預り資金」が不足しているのです。

したがって、「預り資金」を確保するための資金調達を「運転資金」の借入と表現されることが多いのですが、これが問題を引き起こします。

事業規模の拡大による「運転資金」の不足なのか、設備投資借入返済による資金流出を補填するための資金流出なのか、あるいは赤字による資金流出を補填するための資金流出なのかが区別されないまま、「預り資金」の減少を補填するためにとにかく「運転資金」を調達するという表現が使われているのです。

このような曖昧な表現が原因で、企業は「お金が少ないから『運転資金』を調達しなければならない」と短絡的に考えてしまいます。

しかし、これでは大きな問題が発生する可能性があります。企業は資金の流出の原因を正確に理解し、資金調達を行う際には、何に対しての資金なのかを明確に分類する必要があります。

理由は説明した通りです。

4　資金調達と経営の健全化に向けた戦略

企業が健全に経営を続けるためには、必要な資金を適切に調達し、効率的に運用することが不可欠です。

しかし、オーナー企業では、企業の資金と個人的な支出が混同されているケースが多く見受けられます。

このような場合、企業の経営資源が無駄に流出してしまい、健全な経営が難しくなります。

①個人的支出の企業負担とそのリスク

企業経営において、供給者への支払いの中には、しばしばオーナーの個人的な支出が混入することがあります。

これは、そもそも費用や損金として認められるものではありません。

しかし、節税の名目で個人的な支出を企業の経費として計上することが行われることもあります。

このような行為は脱税にあたる可能性があり、法的にも倫理的にも許されません。

こうした不適切な支出は、企業の資金流出を引き起こすだけでなく、融資者からの信頼を失う原因にもなります。

融資者は、企業の資金使途が明確であり、正当に運用されているかどうかを重要視します。

そのため、経営者は企業資金と個人資金を厳格に分け、適正な会計処理を行う必要があります。

②適切な資金運用とその重要性

企業の健全な経営のためには、資金の運用状況を正しく理解し、計画的に活用することが求められます。

例えば、最新鋭の設備投資によって一時的に「預り資金」が増え、キャッシュフローが改善された場合でも、将来的な設備の陳腐化や収益力の低下を考慮する必要があります。

設備投資によって得た利益が一時的なものであることを認識し、その上で資金をさらに設備投資に回すべきかどうかを慎重に判断しなければなりません。

一方で、短期的な利益やキャッシュフローの増加にのみ注目し、高級車の購入などお客様からの「立替金の回収（売上）」につながらない支出を行うと、企業の財務状況に深刻な影響を与えるだけでなく、従業員・供給者・融資者にもさまざまな影響を及ぼす可能性があります、この可能性については本書の主題ではないため追及はしません。

このような資金運用は、企業の体質を弱め、将来的な成長を阻害することになります。

③資金調達と財務状況の把握

企業経営の持続的な発展のためには、「負債の部」と「純資産の部」を詳細に把握し、適切に管理することが重要です。

具体的には、調達先ごとや調達内容ごとに資金の流れを分類し、どの部分で資金が不足しているのか、またどこで資金に余裕が出ているのかを明確にする必要があります。

これにより、企業の資金繰りを最適化し、必要な資金を適切に調達できるようになります。

④経営者の責務と戦略的対応

経営者は、企業活動を通じて発生する資金の動きを正確に把握し、戦略的に対応することが求められます。

資金調達に関しては、融資者との信頼関係を築き、企業の財務状況や資金使途を透明に示すことが不可欠です。

これにより、融資者からの協力を得やすくし、企業の持続的な成長を支えるための安定した資金基盤を確保することができます。

また、経営者は個人的な利益のために企業資金を流用することなく、企業の成長と利益の最大化を最優先とする姿勢を持つことが重要です。

これにより、企業の信用力を高め、長期的な視点での経営の健全化を図ることが可能となります。

5「損益計算書」の本質

「損益計算書」は、一定期間にわたって企業が獲得したお客様からの「立替金の回収（売上）」の権利額と、それに伴う商品やサービスの提供によって直接的に発生した「立替金の支出（費用）」である売上原価、さらにはその期間に間接的に発生した「立替金の支出（費用）」である販売費・管理費・一般管理費などを集計しています。

「立替金の視点」から重要なのは、「損益計算書」において、3．1で述べた「貸借対照表」－「資産の部」の本質の⑤「減価資産」、⑥「非減価資産」、⑦「預り保有資産」を反映させ、お客様のための実際の「立替金の支出（費用）」がどれほどあったか、またはどれほどであるべきかを適正に算出することです。

適正に算出した現状のお客様のための「立替金の支出（費用）」に対して、売上高として、お客様から「立替金の回収（売上）」ができているかどうかを確認します。

具体的には、顕在化した「顧客想定利益」の金額と「立替金の回収（売上）」から適正に算出した「立替金の支出（費用）」を差し引いた金額を比較します。

差額が大きい場合は、競合他社と比較して自社の「立替金の支出（費用）」が少ない状況です。

この場合、以下の点を分析する必要があります：

・過度な利益確保：お客様から「立替金の回収（売上）」を競合他社より多く取り過ぎていないか。その結果、顧客離れのリスクがないか。

・効率化の影響：過度な効率化が進められ、従業員や供給者の不満が発生していないか。

・高収益の強み：競争優位性を活かした高収益の状況にあるのか。

差額が小さい場合は、競合他社と比較して自社の「立替金の支出（費用）」が大きい状況です。

この場合、以下の点を検討する必要があります：

・回収不足：お客様から「立替金の回収（売上）」が不足している、値上げしても顧客離れのリスクは少なく、値上げするべきではないのか。
・効率性の問題：顧客数や売上量において、効率化が競合他社に比べて劣っていないか。
・弱みの特定：自社の業務や戦略上の弱点がどこにあるのかを特定し、改善策を検討する必要があるのではないか。

これらの分析を行うことで、企業の収益構造を明確にし、今後の経営戦略をより効果的に策定することが可能となります。

第4章

「資金流入額」と「資金流出額」の把握

「決算書」から「資金流入額」と「資金流出額」を算出する方法をお伝えします。

本書では、消費税法が存在しなかったものと仮定し、消費税法の影響で発生した仕訳を除外した「決算書」を基に数値の説明を進めます。

実務においても「決算書」を分析する際には、消費税の影響を除外した「決算書」を作成することをお勧めします。

消費税の処理方法と問題点

「決算書」を分析する際に問題となるのは、消費税の処理方法として「貸借対照表」の売上債権額や仕入債務額が消費税込みであるのに対し「損益計算書」が消費税抜きで処理されている場合です。

この場合、「貸借対照表」の売上債権額には消費税が含まれているのに「損益計算書」の売上高には消費税が含まれていないため、消費税の影響を正確に考慮しないと、正確な分析指標を算出することはできません。

また、資金繰りの視点から消費税額を含めた状況を把握したい場合は、消費税込みの「決算書」を作成することを推奨します。

消費税の影響を除外した「貸借対照表」の作成方法

消費税の影響を除外した「貸借対照表」を作成するためには、シンプルな方法として、売上債権額や仕入債務額に含まれる消費税額、そして未払消費税額（または未収消費税額）を「現預金」で振替える仕訳を行います。

具体的には次のように仕訳します。

①売上債権の税抜処理
「現預金」／「売上債権勘定」（金額は売上債権額に含まれている消費税額）

②仕入債務の税抜処理
「仕入債務勘定」／「現預金」（金額は仕入債務額に含まれている消費税額）

③未払消費税勘定の除外仕訳
「未払消費税額等」／「現預金」（金額は未払消費税額等の額）

※未収消費税勘定がある場合

「現預金」／「未収消費税額等」（金額は未収消費税額等の額）

「貸借対照表」の他の勘定科目にも消費税額が含まれている場合は、同様に「現預金」に振替える仕訳で税抜処理を行います。

重要なポイント

「決算書」を正確に把握するためには、このような消費税の除外処理が重要です。

理解が難しいと感じる方も多いかもしれませんが、適切に処理することで、企業の実際の財務状況をより正確に反映させることが可能になります。

もし理解が不十分だと感じた場合は、顧問税理士などの専門家の助言を求めることをお勧めします。

「資金流入額」と「資金流出額」の正確な算出を行うためには、算出したい期間の期首「貸借対照表」と期末「貸借対照表」および「損益計算書」が必要です。

これにより、期間内に発生した資金の増減を明確に把握することができます。

さらに、詳細な資金の動きを正確に把握するためには、総勘定元帳またはその期間の借方・貸方の合計額が記載されている試算表が必要です。

これらの資料があれば、期間内の取引の全体像を把握し、資金の流入と流出をより精緻に確認することが可能となります。

1「資金流入額」の算出

1－1「立替金の回収（売上）」の入金による「預り資金」化

一定期間に確定した「立替金の回収（売上）」額（損益計算書の売上高）を基に、期首・期末の売上債権の変動を加味して算出します。

具体的には、次の算式を使用して、実際の入金額（資金流入額）を算出します。

「損益計算書」売上高＋「貸借対照表」期首売上債権勘定額－「貸借対照表」期末売上債権勘定額

期首に未回収であった売上債権を全額回収したものとして加算し、期末時点で未回収である売上債権額を控除することで、実際に入金された売上金額を算出します。

1－2 融資者からの借入金の「預り資金」化

借入金の増減額の算式は、

「貸借対照表」期首借入残額＋期間借入額－期間返済額＝「貸借対照表」期末借入残額

となり融資者からの借入金で「預り資金」化された、期間借入額の算式は、

期間借入額＝「貸借対照表」期末借入残額＋期間返済額－「貸借対照表」期首借入残額

となります。

また、総勘定元帳や試算表を参照し、借方が返済額、貸方が借入額となるため、具体的な金額の把握が容易になります。

ここで第3章の「貸借対照表」－「負債の部」・「純資産の部」を踏まえ、「預り資金借入金」「運転資金借入金」「在庫資金借入金」（又は合計して「運転資金」）「減価資産資金借入金」「非減価資産資金借入金」「赤字補填資金借入金」に分類して把握する必要があります。

1－3 出資者からの資本金の「預り資金」化

出資者からの資本金は、その一定の期間の、出資額と利益による再投資出資から配当を減算した金額となります、算式は、

「貸借対照表」期末純資産の額＝「貸借対照表」期首純資産の額＋増資額＋一定期間利益－一定期間配当額

となり、

増資額＝「貸借対照表」期末純資産の額－「貸借対照表」期首純資産の額－一定期間利益＋一定期間配当額

となります。

1－4 差額（利益）の目に見えない再出資への認識

融資者からの「預り資金借入金」「運転資金借入金」「在庫資金借入金」「非減価資産資金借入金」そして「赤字補填資金借入金」の返済原資は事業継続する中で、利益だけです。

この認識が弱いために、売上高が上がり、利益も出ているのに、なぜ借入金が返済できないのか、理解できない、不安を抱えている方もいます。

競争の中で、税負担後の利益は売上高の５％が出れば優秀な状況です。

一定の期間の売上高が1，２００万円で利益60万円（売上高の５％）だったとします。

売掛債権残高１００万円、在庫資産残高２００万円、供給者未払額残高50万円とします。

この時、「運転資金等（「運転資金」＋「在庫資金」）」は１００万円＋２００万円－50万円＝２５０万円となります。

翌期には売上高が50％増加し1，800万円で利益90万円（売上高の5％）だったとします。

この時、売掛債権残高150万円、在庫資産残高300万円、供給者未払額残高75万円と売上高と同様に50％増加していたとします。

この時、「運転資金等」は150万円＋300万円－75万円＝375万円となっていたとします。

この期間で増加した「運転資金等」は、いくらでしょうか。

375万円－250万円＝125万円となります。

利益90万円を増加した「運転資金等」に再投資したとしても、125万円－90万円＝35万円は「運転資金等」が不足しており、調達が必要になっています。

あなたの会社はどうでしょうか？

利益が出ていても、いったい「決算書」のどこにあるのか。

利益は、お客様から「立替金の回収（売上）」した金額の中の5％です、つまり、1－1「立替金の回収（売上）」の入金による「預り資金」化に含まれているのです。

この5％の利益は「預り資金」となり、そして、またお客様のため「立替金の支出（費用）」となり流出し「貸借対照表」の「売上債権」「棚卸資産」としてストックされているのです。

増加した「運転資金等」である125万円を、融資者から調達していた場合はどうでしょうか、「預り資金」は期首より利益分の90万円は増加します。「運転資金等」を125万円融資者から調達しなかったことは、実質的に利益90万円を「運転資金出資資本金」「在庫資金出資資本金」として増資したことと同じなのです。

増資したことと同じでありますので、何の資金として増資した状況であるかを把握しておくことが必要となります。

1-5 オーナー企業における役員借入金の認識

オーナー企業における役員借入金は、企業の資金繰りをサポートするための実質的な増資の意味合いを持つものです。

しかし、増資処理を行うためには正式な手続きが必要であり、資本金に基づく税金の発生もあるため、役員借入金として「負債の部」に計上されることが一般的です。

問題となるのは、オーナー自身がどの資金不足を補うために会社に貸したのか（あるいは実質的に出資したのか）を明確に認識しておかなければならない点です。

具体的には、「預り資金」「運転資金」「在庫資金」「減価資産資金」「非減価資産資金」

「赤字補填資金」など、どの目的での補填だったかが重要です。

「減価資産資金」としての貸付は、設備や資産の稼働によるお客様からの「立替金の回収（売上）」を通じて理論的に返済される可能性があります。

しかし、それ以外の資金補填（「預り資金」「運転資金」「在庫資金」「赤字補填資金」など）については、お客様からの「立替金の回収（売上）」で回収されるものではないため、事業を継続する限り、原則として返済されることはありません。

この点を踏まえると、事業拡大の際にオーナー自身が個人資金を企業に貸すのは慎重に検討すべきです。

融資者からの借入金には金利が発生しますが、長期的な発展を目指すのであれば、融資者からの支援を受ける方が望ましい場合も多いです。

個人資金は、緊急時や事業の予期せぬトラブルに備えて、可能な限り個人で保有しておくことが推奨されます。

オーナー企業にとって、個人資金は「虎の子」であり、慎重に扱う必要があります。

1－6「預り資金」化した「資金流入額」のまとめ

事業活動を通じて一定の期間に「預り資金」として確保された「資金流入額」は、以下のように算出されます。

①「立替金の回収（売上）」の入金額

「損益計算書」の売上高に、期首に未回収だった売上債権額を加え、期末の未回収売上債権額を差し引きます。

これには利益も含まれます。

POINT

算式：「損益計算書」売上高＋「貸借対照表」期首売上債権額－「貸借対照表」期末売上債権額

②融資者からの借入金の入金額

期間中に融資者から調達した借入金は、期末の借入残額に返済額を加え、期首の借入残額を差し引いて算出します。

POINT

算式：「貸借対照表」期末借入残額＋期間返済額－「貸借対照表」期首借入残額

③出資者からの資本金の入金額

増資額は、期末の純資産額から期首の純資産額を差し引き、期間利益を控除し、期間中に支払われた配当額を加算して求めます。

POINT

算式：「貸借対照表」期末純資産の額－「貸借対照表」期首純資産の額
－一定期間利益＋一定期間配当額

加えて、有価証券の売却、固定資産の売却、保険積立の満期などによる「資金流入額」がある場合は、それらも加味して算出する必要があります。

この方法により、一定期間の「資金流入額」を算出することができます。

同様に月次試算表を用いて、毎月の入金額を計算することも可能です。

1－7 次章に向けて

この「資金流入額」と「資金流出額」の算出方法は、次章で扱う第5章「経営計画の作成」において重要な前提となります。

・一定期間の売上に連動する売上債権の入金時期
・一定期間の売上に伴う供給者への支払義務の発生時期と出金時期
・一定期間の融資者借入金の返済額
・一定期間の融資者借入金の借入額

これらの要素を損益計算書の数値と連動させ、資金の動きを想定しながら貸借対照表を作成することが必要です。

第5章では、この考え方を具体的に説明しながら、どのように経営計画を作成するかをお伝えします。

そして第6章で「経営計画」の作成方法として、会計ソフトを活用する方法をお伝えします。

経営計画データを入力することで、正確な資金管理が可能になり、経営計画の明確性が高まります。

現在、ＡＩ技術の進展により、あらゆるデータの分析が簡単に行える時代となっていますが、重要なのはその本質を理解し、的確に活用しているかどうかです。

第6章で具体的な方法をお伝えしますが、場合によっては経理担当者や専門家に依頼するのも一つの選択肢です。

2「資金流出額」の算出

2－1 売上に対して直接的に発生した供給者への支払による「預り資金」の流出

売上に対して直接的に発生する仕入高や外注費などの供給者への支払で流出した「預り資金」がどれほどであったかを算出します。

この「預り資金」の流出額は、実際の支払が発生するタイミングと、企業が顧客に販売したかどうかとは無関係です。

つまり、売上原価とは異なり、供給者への支払は、自社がお客様に商品やサービスを提供しているかにかかわらず、発生します。

補足：ここでの「仕入高」とは売上原価とは異なり、未販売の棚卸資産を加味しない供給者からの仕入や外注先への支払金額です。

棚卸資産があろうがなかろうが、供給者に支払うべき額は変わりません。

次の式を用いて、実際の「預り資金」の流出額を算出します。

「損益計算書」の仕入高等＋「貸借対照表」期首「供給者未払額」－「貸借対照表」期末

「供給者未払額」

仕入高等：この金額は、損益計算書で記載された仕入高や外注費など、供給者に対する支払が発生する元となる費用です。

期首「供給者未払額」：期首時点で未払金が残っていた場合、この金額は当期に支払われたものとして加算されます。

期末「供給者未払額」：期末時点でまだ支払っていない未払金は、実際には出金されていないため、控除されます。

実際の流出額のイメージ：このように、期首の未払額を加算し、期末の未払額を差し引くことで、実際に現金が出て行った額、すなわち「預り資金」の流出額を正確に算出することができます。

2-2 売上に対して間接的に発生した供給者への支払による「預り資金」の流出

売上に対して間接的に発生する販売費、人件費、管理費などの供給者（従業員を含む）への支払に伴う「預り資金」の流出額を算出する必要があります。

この「預り資金」の流出額は、直接的な供給者への支払とは異なり、間接的に発生したコストに関連しています。

次の式を使って「預り資金」の流出額を算出します。

「損益計算書」における販売費、人件費、管理費、支払利息等に含まれる「資金科目」＋「貸借対照表」期首「供給者未払額」（人件費の支給処理で発生する預り金等を含む）－「貸借対照表」期末「供給者未払額」（人件費の支給処理で発生する預り金等を含む）

用語の定義

「資金科目」：これは、実際に「預り資金」が支払われた項目であり、「資産の部」には計上されない項目を指します。

具体的には、販売費や人件費、管理費、支払利息など、日々の経費として扱われるものです。

「非資金科目」：実際の資金流出が発生しているが、会計上「資産の部」に計上され、複数年にわたって減価償却や損益計算書上に費用として計上されるものです。

例としては、減価償却費や保険料などが該当します。

資金科目の選別

販売費、人件費、管理費、支払利息などのうち、実際に現金が出ていった部分を取り出します。

これが「資金科目」です。例えば、従業員への給与支払い、人件費に伴う社会保険料、オフィス維持費などが含まれます。

期首と期末の未払額の調整

期首時点で未払いの供給者（人件費や管理費等含む）への支払いは当期に支払ったものとみなし、加算します。

期末時点でまだ支払っていない未払い金は、実際の資金流出が発生していないため、控除します。

実際の流出額のイメージ：これにより、間接費用に関連する「預り資金」の実際の流出額が明確になります。

この計算では、会計上の費用と現金ベースの資金流出額の違いを適切に反映して、資金の動きを正確に把握することが可能です。

2-3「減価資産」・「非減価資産」の取得に伴う供給者への支払による「預り資金」の流出

「減価資産」および「非減価資産」を取得する際、企業は供給者への支払を行い、その支払いに伴う「預り資金」の流出額を正確に把握する必要があります。

これらの資産は、複数年にわたって使用され、時間の経過とともに損益計算書上の費用として振替えられるものです（ただし、土地や借地権は振替えの対象外となります）。「預り資金」の流出額を算出するためには、次の式を使用します。

「貸借対照表」取得価格（借方金額）＋「貸借対照表」期首「供給者未払額」－「貸借対照表」期末「供給者未払額」

この式は、資産の取得に伴う支払がいつ行われたか、つまり期首と期末の未払い金の変動を考慮して「預り資金」の実際の流出額を算出しています。

取得価格がわからない場合の計算方法

取得価格が総勘定元帳や試算表から確認できない場合は、次の式を使って「流出額」を算出します。

取得価格（流出額）＝「貸借対照表」期末残高－「貸借対照表」期首残高＋「損益計算書」費用振替額（減価償却費・保険料等）

この方法では、取得時の未払いの影響を無視して、期末と期首の残高差をベースにして資産の取得にかかった費用を計算します。

この際、減価償却費や保険料など、損益計算書上に費用振替される金額を加算して、実際の支払い額を求めます。

まとめ

「減価資産」とは、時間の経過とともに価値が減少し、損益計算書で減価償却費として処理される資産（例：有形固定資産、長期前払保険料など）です。

「非減価資産」とは、土地や借地権などの取得後も価値が減少しない資産で、これらは損益計算書に振替されませんが、取得時に「預り資金」が流出します。

これらの資産の取得に伴う支払いを正確に把握することで、企業の資金流出の実態を明確にすることが可能となり、経営判断や資金管理に役立てることができます。

ここまで説明した「資金流出額」は、企業が商品やサービスを提供するために、お客様のために支出した「立替金の支出（費用）」として、供給者に支払わなければならない金額です。

これに対して、不足する「預り資金」を調達する必要があります。

その調達方法と各資金の役割を整理します。

①「売上に対して直接的に発生した供給者への支払」に備えるための調達資金

商品やサービスを製造・販売するために必要な原材料費や外注費など、売上に直接結びつく費用に対して支払った資金です。

この資金流出に備えるために必要な資金は、「在庫資金」として調達します。

在庫資金：製品や材料の購入に必要な資金で、売上に伴う支払の預り資金。企業が保有する棚卸資産に相当し、供給者への支払を円滑に行うために必要。

②「売上に対して間接的に発生した供給者への支払」に備えるための調達資金

人件費や販売費、管理費などの間接的な費用に対して支払う預り資金です。

これらの支出に対応する資金は、「運転資金」として調達します。一般的には、直接的な支払に対しても「運転資金」という言葉を使う場合がありますが、ここでは区別しています。

運転資金：間接的な費用に備え、従業員への給与や一般経費などを支払うために必要な資金。

売上の回収が発生するまでに支払わなければならない費用をカバー。

③規模拡大に伴う、「預り資金」の必要額の増加分の資金調達

④「減価資産」・「非減価資産」の取得に備えるための調達資金

有形固定資産や土地・借地権などの取得に伴う支払いに対しては、それぞれ「減価資産資金」や「非減価資産資金」を調達します。

これらの資金は、長期的に企業の収益に貢献する設備や土地の取得に対応するものです。

減価資産資金：工場設備や機械などの減価資産を購入するための資金。

これらの資産は時間の経過とともに減価償却され、費用として計上されます。

非減価資産資金：土地や借地権など、減価償却されない資産を購入するための資金。これらの資産は価値が減少しないため、長期的な企業資産として計上されます。

資金調達の目的

これらの「資金流出額」を踏まえて、不足する「預り資金」を適切に調達し、資金流入額を増加させることが重要です。

これにより、企業は支払い義務を滞りなく履行し、事業運営に必要な資金不足が発生しないようにすることができます。

資金調達は単に「預り資金」の確保を意味するのではなく、どのタイプの資金流出に備えるための調達かを明確に把握することが、健全な財務戦略を構築するうえで不可欠です。

この正確な把握により、企業は効率的な資金運用を行い、成長を続けるための強固な基盤を確立できます。

2-4 融資者への借入金の返済による「預り資金」の流出

融資者への借入金の返済による「預り資金」の流出額を正確に算出することは、資金管理の重要な要素です。

借入金の返済は企業の資金繰りに大きな影響を与えるため、その流出額を明確に把握する必要があります。

期間中に融資者へ返済した金額は次の算式で算出されます。

「貸借対照表」期首借入残額＋期間借入額－「貸借対照表」期末借入残額
この式により、期間中の返済額を算出します。

期末時点での借入残高と期首残高の差を利用し、期間中に新たに借り入れた金額を加味することで、実際に返済された金額が明確になります。

また、総勘定元帳や試算表からもこの返済額を把握することができます。

具体的には、借方が返済額、貸方が借入額となるため、それぞれの金額を確認し、総合的な返済額を容易に確認することができます。

借入金の分類は、重要ですので再度お伝えします。

返済した借入金を次のように分類して把握する必要があります。

預り資金借入金：支払のための保有必要額を補填する借入金。

運転資金借入金：日々の事業活動に必要な資金であり、従業員への給与や一般経費などの支払いに充当する借入金。

在庫資金借入金：製品や材料の仕入れに使用される借入金。

一般的に「運転資金」として合算して管理される場合もあります。

減価資産資金借入金：設備投資など、減価償却対象資産の取得に関連する借入金。

非減価資産資金借入金：土地や借地権など、減価償却されない資産に関連する借入金。

赤字補填資金借入金：企業が赤字を補填するために調達した借入金。

これらの借入金は、それぞれの用途に応じた資金の流出をもたらします。

したがって、借入金の返済は一律に把握するのではなく、どの種類の借入金が返済されたのかを明確に区分して管理することが重要です。

この区分が明確であれば、どの資金流出が企業に最も影響を与えているのかがわかり、今後の経営戦略や資金繰りの調整が容易になります。

返済額の正確な把握と借入金の種類ごとの分類により、企業は健全な財務管理を維持し、資金不足や過剰な借入に対するリスクを軽減できます。

2-5「預り資金」が流出した「資金流出額」のまとめ

「預り資金」が流出した「資金流出額」をまとめる際に重要なのは、企業の事業活動を通じてどのように資金が供給者や融資者に流出しているかを正確に把握することです。

その流出額の算出方法を再度整理して説明します。

資金流出額の構成

①売上に対して直接的に発生した供給者への支払による「預り資金」流出

算式：「損益計算書」仕入高等＋「貸借対照表」期首「供給者未払額」－「貸借対照表」期末「供給者未払額」

仕入高や外注費など、売上に関連して直接的に発生した供給者への支払い額を算出します。

②売上に対して間接的に発生した供給者への支払による「預り資金」流出

算式：「損益計算書」販売費、人件費、管理費、支払利息等に含まれる「資金科目」＋「貸借対照表」期首「供給者未払額」（預り金等を含む）－「貸借対照表」期末「供給者未払額」（預り金等を含む）

販売費や人件費など、間接的な供給者への支払額を含めた資金流出を計算します。

③「減価資産」・「非減価資産」の取得による供給者への支払による「預り資金」流出

算式：「貸借対照表」取得価格（借方金額）＋「貸借対照表」期首「供給者未払額」－「貸借対照表」期末「供給者未払額」

または、未払額がないものとして、

算式：取得価格（流出額）＝「貸借対照表」期末残高－「貸借対照表」期首残高＋「損益計算書」費用振替額（減価償却費・保険料等）

資産の取得にかかった預り資金の流出額を算出します。

④融資者への借入金の返済による「預り資金」流出

算式：「貸借対照表」期首借入残額＋期間借入額－「貸借対照表」期末借入残額

期間中に返済した借入金の総額を計算します。

⑤その他の資金流出

有価証券の取得や保険積立金など、他の形式での資金流出があった場合も、これに加算して計算する必要があります。

これにより、企業の資金流出全体を正確に把握できます。

月次試算表での資金流出額の算出

同様の方法を月次試算表に適用することで、毎月の資金流出額を確認することも可能です。

月単位での資金管理が求められる場合は、定期的に試算表をもとに「資金流出額」を確認し、資金繰りを適切に管理します。

この計算方法を用いることで、企業の資金繰りを正確に把握し、将来的な資金不足を防ぐことができます。

第5章

「経営計画の作成」

本章では、前章までの理解を基に「経営計画」を作成する手順を説明します。

この計画は、企業が自信を持って経営に取り組むための指針となり、従業員、供給者、そして融資者からの信頼と協力を得るために必要です。

具体的な手順とその考え方を、順番に説明します。

①「経営計画売上高」の作成

まず初めに、第2章で述べた「利益の本質」を踏まえ、「経営計画売上高」を設定します。

これは、企業が目指す売上高であり、以下の要素を考慮しながら計画します。

過去の売上実績：過去の実績を基に、成長や縮小の見込みを立てます。

市場動向や競合の影響：市場の需要や競争環境を分析し、現実的な売上目標を設定します。

自社のリソースや戦略：自社の成長戦略やリソースの限界も考慮して、適切な売上目標を策定します。

②「経営計画損益計算書」の作成

次に、作成した「経営計画売上高」を基に、「経営計画損益計算書」を作成します。この計画書は、売上から発生する利益や費用を計算するもので、次の手順で進めます。

売上原価：過去の実績や市場価格の変動を考慮し、売上原価を算出します。

販売費および一般管理費：企業の活動に必要な経費を考慮し、予算を設定します。

営業利益・経常利益：売上から費用を差し引いて、企業がどの程度の利益を見込んでいるかを算出します。

この損益計算書は、企業の収益性や経営状況を測るための重要な計画書です。

③「資金流入額」「資金流出額」の作成

次に、「経営計画損益計算書」を基に、資金の動きを予測する「資金流入額」および「資金流出額」を作成します。

これが予測資金繰り表や予測キャッシュフロー計算書となります。

資金流入額：売上の回収やその他の収入に基づいて、企業に入ってくる資金の額を予測します。

資金流出額：企業が支払うコストや投資、借入金の返済など、実際に出ていく資金の額を予測します。

この段階で、企業のキャッシュフローがどのように推移するかを明確に把握します。

④「経営計画貸借対照表」の作成

最後に、期首の「貸借対照表」と、予測した「資金流入額」「資金流出額」を基に、「経営計画貸借対照表」を作成します。これにより、期末における企業の財務状況を予測します。

資産の変動：予測される資金流入や流出に基づき、現金や売上債権などの資産の変動を見積もります。

負債の変動：借入金や未払金の返済状況を反映し、期末の負債額を予測します。

純資産の変動：利益の蓄積や資本の増減に基づき、純資産がどのように変動するかを予測します。

消費税に関する調整

第4章で説明したように、数値の作成は消費税抜きで行います。最終的に、経理処理に合わせるためには、算出した数値に勘定科目ごとに消費税込み処理を加えます。

これには、第4章で行った税抜処理の逆仕訳を適用し、正確な財務状況を把握します。

では、「立替金の視点」からの具体的方法の説明に入ります。

1「経営計画売上高」を作成

①「顧客想定利益」の数値化

経営計画を立案する最初のステップは、自社の状況や統計資料を分析し「顧客想定利益」を数値化することです。

この数値化により、どれだけの利益を目指すべきかを明確にします。

②適正化された「立替金の支出（費用）」の算出

自社の実際の「立替金の支出（費用）」から、恣意的な支出や特殊要因（減価償却、保有資産、節税投資など）を排除して、適正化された「立替金の支出（費用）」を算出します。これにより、実際のビジネス運営に必要な真のコストを把握します。

③「経営計画売上高」の算出

経営計画における売上高を計算します。

これは、次の式で求められます。

「経営計画売上高」＝適正化された「立替金の支出（費用）」＋「顧客想定利益」

変動費がある場合は、変動費比率を考慮して次の式を使います。
「経営計画売上高」＝（適正化された「立替金の支出（費用）」＋「顧客想定利益」）÷（1－変動費比率）

ここでの変動費比率は、変動費を売上高で割ったもので、売上の増減に応じて発生する売上原価等の比率を示します。

2「経営計画売上高」から予測「経営計画損益計算書」を作成

①「経営計画売上高」から直接的に発生する仕入高・外注費等の算出
まず、「経営計画売上高」を達成するために必要な、直接的なコストを予測します。これには商品やサービスの提供に必要な仕入高や外注費が含まれます。これらは売上に直結する変動費であり、売上高の増減に伴って変動するため、次のように算出します。

直接費の算出：過去の実績や予測データを基に、「経営計画売上高」に対する直接費（仕入高、外注費など）の割合を算出し、それを基に予測します。

②間接的に発生する販売費・人件費・管理費等の「資金科目」の算出

次に、「経営計画売上高」を達成するために、間接的に発生すると予測される販売費や管理費、そして人件費などの「資金科目」を算出します。

これらは企業の運営に必要なコストで、売上に対して一定の割合で発生するものです。間接費の算出：販売費、人件費、管理費、支払利息等を過去のデータや事業計画に基づいて、売上高に対する適切な比率で算出します。

③減価償却費・保険料等の「非資金科目」の算出

次に、企業の資産や契約によって発生する減価償却費や保険料など、現金の流出は伴わないが会計上の費用として計上される「非資金科目」を算出します。

減価償却費：資産の法定耐用年数に基づいて、経年劣化による減価償却費を計算します。

保険料：保険契約に基づいて振替える費用を、予測として計上します。

④予測税引前利益と予測法人税等額の算出

「経営計画売上高」から、上記で算出した直接費、間接費、「非資金科目」を差し引き、予測される税引前利益を算出します

この予測利益を基に、法人税等の税額を予測します。

税引前利益の算出：売上高－直接費－間接費－非資金科目費用＝税引前利益
法人税等の算出：法人税率を基に、予測される税額を計算します。
⑤予測「経営計画損益計算書」の作成
右記で算出したすべての項目を集計し、予測「経営計画損益計算書」を作成します。

これにより、将来の収益構造や経費の動向が把握でき、事業計画の実現可能性を具体的に評価することができます。

3 予測「経営計画損益計算書」から予測「資金流入額」・予測「資金流出額」を作成

（これが予測資金繰り表・予測キャッシュ・フロー計算書となります。）

①予測「経営計画損益計算書」の仕入高・外注費等から供給者への支払による「預り資金」流出額を算出
支払サイト（締め日・支払日）を考慮し、期末の「供給者未払額」を計算します。
例：年間仕入額が1，000万円で月末締め・翌月末払いの場合、30日分の未払額は、1，000万円÷360日×30日＝83万円。

算式：「預り資金」流出額＝予測「経営計画損益計算書」仕入高等＋「貸借対照表」期首「供給者未払額」－予測「貸借対照表」期末「供給者未払額」

②予測「経営計画損益計算書」の販売費、人件費、管理費、支払利息等に含まれる「資金科目」の支払による「預り資金」流出額を算出

支払サイトを加味して、期末の「供給者未払額」を予測します。

算式：「預り資金」流出額＝予測「経営計画損益計算書」販売費＋人件費＋管理費＋支払利息＋「貸借対照表」期首「供給者未払額」－予測「貸借対照表」期末「供給者未払額」

③「減価資産」・「非減価資産」の取得による供給者への支払による「預り資金」流出額の算出

資産購入（有形固定資産、無形固定資産、土地など）による支出を計算します。

算式：取得資産にかかる支払金額を基に、「預り資金」流出額を算出

④融資者への借入金の返済による「預り資金」の流出額の算出

期首・期中の借入金に対する返済による「預り資金」流出額を算出します。

算式：期首借入している借入金に対する返済額＋期中に借入した借入金に対する返済額

⑤その他資金流出額の算出

未払法人税や保険積立金、有価証券の取得による「預り資金」流出額を計算します。

⑥「資金流出額」の合計を集計
右記①～⑤の流出額を合計して、全体の「資金流出額」を算出します。
先に流出額を計算したのは次の⑦と比較し不足額を算出するためです。
⑦「経営計画売上高」の売上高から回収サイトを踏まえ、予測期末「売上債権額」を算出
例：年間売上高が3，000万円で月末締め・翌月末日回収の場合、30日分の「売上債権額」は、3，000万円÷360日×30日＝250万円。
算式：「預り資金」流入額＝「経営計画売上高」＋「貸借対照表」期首「売上債権額」－予測「貸借対照表」期末「売上債権額」
⑧その他資金流入額の算出
雑収入、保険解約、有価証券の売却による「預り資金」流入額を計算します。
⑨「資金流入額」が「資金流出額」より少ない場合、融資者からの借入
⑥－（⑦＋⑧）の差額として現れる、資金不足額については期首「預り資金」期首「預け預り資金」の状況を加味し「預り資金借入金」「運転資金借入金」「在庫資金借入金」「減価資産資金借入金」「非減価資産資金借入金」などの借入名目ごとに借入必要額を算出
⑩「資金流入額」の合計を集計

右記⑦～⑨の流入額を合計して、全体の「資金流入額」を算出します。
⑪予測期末「預り資金」の算出
算式：予測期末「預り資金」＝期首「預り資金」＋⑩「資金流入額」－⑥「資金流出額」

これにより、予測資金繰り表・予測キャッシュ・フロー計算書の資金入金・支出が完成し、資金繰りの見通しを把握できます。

最後に予測「経営計画貸借対照表」の作成です。

4 予測「経営計画貸借対照表」を作成

まず、「資産の部」です。
①「預り資金」：企業が日々の支払いや運営に備えて保有している流動資金。
5．3．⑪予測期末「預り資金」の額
②「預け預り資金」：企業が節税、投資、リスク対策のために保有している資産で、通常の資産とは異なり、お客様からの「立替金の回収（売上）」には関与しません。

支払額・解約額状況から算出、予測「経営計画損益計算書」や、「資金流入額」・「資金流出額」に織り込んでいない場合は「預り資金」の流入・流出から、予測期末「準備預金」を再算出する。

③「売上債権」：企業が商品やサービスを提供した後、お客様から回収すべき金額が確定している債権。

5．3．⑦「経営計画売上高」の売上高から回収サイトを踏まえ算出した、予測期末「売上債権額」。

④「棚卸資産」：企業が販売目的で保有している商品、製品、原材料などの資産。

この「棚卸資産」は、お客様への販売を通じて、他のお客様のため「立替金の支出（費用）」と利益部分を回収するための基礎となります。

「経営計画売上高」と予測「経営計画損益計算書」の仕入高から算出する。

期末「棚卸資産」＝期首「棚卸資産」＋予測「経営計画損益計算書」仕入高－予測「経営計画損益計算書」売上原価

※既に、経営計画損益計算書において、理論値として期末棚卸高として算出

⑤「減価資産」：使用や時間の経過によって価値が減少する資産で、減価償却を通じてその価値をお客様から間接的に回収します。

予測「経営計画損益計算書」の「非資金科目」の予測費用振替と、5．3．③「減価資産」・「非減価資産」の取得による供給者への支払による「預り資金」の流出額から算出。

予測期末「減価資産」残高＝期首「減価資産」残高＋「減価資産」の取得による流出額

－予測「経営計画損益計算書」の予測費用振替額

POINT

勘定科目：前払費用・有形固定資産・無形固定資産・敷金・長期前払費用・繰延資産など。

⑥「非減価資産」：時間の経過によって価値が減少しない資産。

売却予定がある場合は、売却を加味し「資金流入額」を期末「預り資金」に加算し、売却利益・売却損失については、予測「経営計画損益計算書」に織り込む。

予測期末「非減価資産」＝期首「非減価資産」－売却「非減価資産」簿価＋「非減価資産」の取得による流出額

POINT

勘定科目：土地・借地権・出資金・敷金・保証金など。

⑦「預り保有資産」：将来の特定の支払い義務に備えて保有している資産。

支払額・解約額状況から算出、予測「経営計画損益計算書」や、「資金流入額」・「資金流出額」に織り込んでいない場合は「預り資金」の流入・流出から、予測期末「準備預金」を再算出する。

退職金、修繕費、損害賠償、解体費、災害費など、将来的に支出が見込まれる費用を、お客様のために「立替金の支出（費用）」として捉え、その費用をお客様から「立替金の回収（売上）」で得た金額をもとに「預り資金」とは別に保有しているものです、節税目的での保険積立金等は②「預け預り資金」となります。

POINT

勘定科目：定期預金・定期積金・前払保険料・保険積立金・有価証券・貸付金など。

企業経営においては、この資金の部分が資産運用となります。

⑧「付随資産」：企業の活動において付随的に発生した、お客様から「立替金の回収（売上）」しない、もしくは未確定なもの。

予測期末「付随資産」については「資金流入額」・「資金流出額」について大きな影響のあると思われるものがある場合その影響を加味し算出し、予測期末「準備預金」に反映させる。

ここまでで、予測「資産の部」が完成です。

続きまして、予測「負債の部」です。

⑨「供給者未払額」：企業が供給者（仕入先、外注先、製造経費支払先、従業員、社会保険事務所、税務署、市役所、経費支払先）に支払うべき未払いの金額です。

予測期末「供給者未払額」は、

5．3．①予測「経営計画損益計算書」の仕入高・外注費等から供給者への支払による「預り資金」流出額で計算した、期末「供給者未払額」と、

5．3．②予測「経営計画損益計算書」の販売費、人件費、管理費、支払利息等に含まれる「資金科目」の供給者への支払による「預り資金」流出額で計算した、期末「供給者未払額」を利用します。

POINT
勘定科目：支払手形、設備支払手形、買掛金、未払費用、未払金、預り金など。

⑩「融資調達借入金」：「融資者」から調達した借入金。
5．3．④「融資者」への借入金の返済のよる「預り資金」の流出額と、5．3．⑨「融資者」から「預り資金」として協力を受ける予定の金額を「預り資金借入金」「運転資金借入金」「在庫資金借入金」「減価資産資金借入金」「非減価資産資金借入金」の名目ごとに分類し期末残高を算出します。
予測期末「借入金残高」＝期首「借入金残高」＋期中「借入額」－期中「返済額」
⑪「出資調達資本金」：出資者からの調達した資本金。
予測「経営計画損益計画書」の利益と、予定配当額から算出。
予測期末「純資産の部」＝期首「純資産の部」＋予測「経営計画損益計算書」の利益－予定配当額
できれば、当初の出資資本金と再投資される利益が、運用されている資金内容を把握していることが望ましい。

「純資産の部」の金額を「預り資金出資資本金」「運転資金出資資本金」「在庫資金出資資本金」「減価資産資金出資資本金」「非減価資産資金出資資本金」「赤字補填資金出資資本金」に分解して管理する。

POINT

勘定科目：資本金、資本準備金、利益準備金、繰越利益など。

⑫「付随負債」：企業の活動において付随的に発生したもので、直接お客様のための「立替金の支出（費用）」とは関係がない、または未確定な負債です。

予測期末「付随負債」について「資金流入額」・「資金流出額」について大きな影響のあると思われるものがある場合その影響を加味し算出し、予測期末「準備預金」に反映させる。

POINT

勘定科目：未払配当金、未払法人税等、未払消費税等、前受金、仮受金、仮受消費税等など。

⑬「簿外資産・負債」：簿外資産・負債は、企業の財務諸表に直接記載されていない資産ですが、財務分析や経営計画の妥当性を評価する際に非常に重要な要素です。

これらの資産・負債を「経営計画貸借対照表」に織り込みます。

特に、設備投資に伴う特別償却等、短期間償却は実態として、再取得価格との差額を含み益とみなす処理が必要です。

次のような仕訳で「貸借対照表」に反映させます。

簿外保険がある場合：「預け預り資金」／「預り資金出資資本金」

「預り保有資産」／「預り保有資産資金出資資本金」

機械装置に含み益がある場合：「機械装置」／「減価資産資金出資資本金」

未稼働設備等に含み損がある場合：「減価資産資金出資資本金」／「減価資産」

土地に含み益がある場合：「土地」／「非減価資産資金出資資本金」

土地に含み損がある場合：「非減価資産資金出資資本金」／「土地」

予測「経営計画貸借対照表」の完成です。

第6章

「会計ソフト」に「経営計画」データを入力

「経営計画」の作成に際して、第5章で作成したデータを会計ソフトに入力することを強くお勧めします。

1　経営計画データ入力の準備

まずは「経営計画」用のデータ枠を会計ソフト内に作成します。

そして、日単位・週単位・月単位で予測した仕訳データを入力します。

基本的に、「経営計画」は消費税抜きで作成しますが、会計ソフトへのデータ入力時は、消費税込みで入力することを推奨します。

これにより、資金繰り表やキャッシュ・フロー計算書作成機能、納税消費税額計算機能が利用可能となります。

2　活用するための設定等

①補助科目や紐づけの活用

各勘定科目に補助科目やタグを設定し、得意先、回収サイト、供給先、支払サイト、融資先、借入種類などの集計結果を参照できるようにすることは、経営計画をより細かく把握するために重要です。

会計ソフトの中には、1つの仕訳に対して複数の補助科目やタグを紐づけできる機能が備わっているものもあります。

この機能を活用すれば、データの詳細な分析や、特定の取引先や資金調達の計画を簡単に確認することができます。

「借入金」と「純資産の部」については「預り資金」・「運転資金」・「在庫資金」・「減価資産資金」・「非減価資産資金」・「赤字補填資金」の性質毎に補助・摘要・タグで、残高を集計できるよう設定しておくことをお勧めします。

②会計ソフトの機能を最大限に活用

会計ソフトによっては、定型仕訳登録機能があります。

「経営計画」に必要な定型仕訳を登録し漏れなく、ダブりなくデータ入力を入れる補助となります。

資金繰り表、キャッシュ・フロー計算書も自動集計できる機能もついているものもあります。

③長期経営計画の作成方法

会計ソフトメーカーが「経営計画」作成用の、決算月に縛られずに13カ月以上のデータ入力ができる機能を開発してくれることが理想です。

ですが、現時点ではそのような機能が一般的ではないため、1カ月に1年分のデータをまとめて入力する方法で、12年間の長期経営計画を作成することが可能です。

これらを活用することで、実際の経営状況を詳細に把握し、予測と実績の差異を分析しやすくなり、より精度の高い経営計画を実現できます。

3 会計ソフトに入力する仕訳データの例

ここでは、一般的な仕訳の例を示します。実際に会計ソフトに入力する際には、必要な補助科目を設定し、詳細なデータを登録することで、正確な経営状況を把握できるようにしましょう。

第5章「経営計画の作成」の手順で、予測する仕訳データを入力していきます。

参考となる仕訳データを記載します。(上段を借方/下段を貸方)

それぞれの仕訳の発生予測日を踏まえ、日単位、週単位、月単位に予測額を入力します。

①「経営計画売上高」のデータの入力

・現金売上データ入力　「預り資金」／「売上高」

・売掛売上データ入力　「売上債権」／「売上高」

②「経営計画損益計算書」のデータ入力

・買掛仕入データ入力　「仕入高・外注費等」／「買掛債務」

・棚卸資産データ入力　「期首棚卸」／「棚卸資産」

「棚卸資産」／「期末棚卸」

・現金経費データ入力　「販売費・人件費・管理費・支払利息等」／「預り資金」

・未払経費データ入力　「販売費・人件費・管理費・支払利息等」／「未払債務」

・非資金科目振替データ入力　「減価償却費等」／「減価資産」

③「資金流入額」のデータ入力

・売掛売上回収データ入力　「預り資金」／「売上債権」

手形取引がある場合は、

・売掛売上回収データ入力　「受取手形」／「売上債権」

・受取手形回収データ入力　「預り資金」／「受取手形」

割引手形がある場合は、
・受取手形割引データ入力「預り資金」／「割引手形」
受取手形期日データ入力「割引手形」／「受取手形」
・その他資金流入データ入力 「預り資金」／「雑収入・保険積立等」
・融資者借入額データ入力「預り資金」／「借入金・資金種類毎」
④「資金流出額」のデータ入力
・買掛仕入支払データ入力「買掛債務」／「預り資金」
手形発行がある場合は、
・支払手形発行データ入力「買掛債務」／「支払手形」
・支払手形期日データ入力「支払手形」／「預り資金」
・未払経費支払データ入力「未払債務」／「預り資金」
・減価資産取得データ入力「減価資産」／「預り資金」
・非減価資産取得データ入力「非減価資産」／「預り資金」
・その他資金流出データ入力「雑損失・保険積立等」／「預り資金」
・融資者返済額データ入力「借入金・資金種類毎」／「預り資金」
⑤簿外資産調整データ入力

・簿外保険がある場合：「預け預り資金」／「預り資金出資資本金」
「預り保有資産」／「預り保有資産資金出資資本金」
・機械装置に含み益がある場合：「機械装置」／「減価資産資金出資資本金」
・未稼働設備等に含み損がある場合：「減価資産資金出資資本金」／「減価資産」
・土地に含み益がある場合：「土地」／「非減価資産資金出資資本金」
・土地に含み損がある場合：「非減価資産資金出資資本金」／「土地」

4 経営計画貸借対照表の確認

これらのデータを入力することで、会計ソフトは自動的に「経営計画貸借対照表」を生成します。この際、特に以下の項目に注意して確認を行います。

「預り資金」残高
「借入金の資金種類毎」の残高
「預り資金借入金」：「預り資金」＋「預け預り資金」＋「付随資産」流動－「出資資本金」－「付随負債」流動

「運転資金借入金」：「売上債権」－「供給者未払額」－「出資資本金」
「在庫資金借入金」：「棚卸資産」－「供給者買掛額」－「出資資本金」
「減価資産資金借入金」：「減価資産」の未償却残高－「出資資本金」
「非減価資産資金借入金」：「非減価資産」の時価－「出資資本金」

5 経営計画データを入力することによる具体的な利点

①正確な資金管理の実現
・経営計画データを基に、資金の流れを詳細に把握することができ、日々の資金繰りやキャッシュフローの管理がより正確になります。
・資金流入や流出のタイミングを予測し、それに応じて預り資金を確保することで、資金不足を未然に防ぐことが可能になります。
・将来的な投資や支出の計画を立てる際に、具体的な数値に基づいた計画ができるため、計画性の高い経営が可能になります。
②経営計画の明確化

・経営計画の目標となる売上高や利益、費用項目が、数値データとして具体的に入力されることで、経営目標が明確になります。
・計画通りの売上や利益を達成できているか、またはどの部分で乖離が発生しているかを明確に把握できるため、迅速な対策を講じることが可能です。
・目標数値と実績数値の差異がすぐに確認できるため、計画に対するフィードバックが早期に行え、柔軟な経営戦略の見直しが可能です。

③実績数値と予測数値の比較

・損益計算書の数値に加え、貸借対照表の数値も併せて確認することで、経営全体の資金構造をより包括的に把握できます。
・実際の売上や費用と、予測していた計画との差異を「損益ベース」「貸借ベース」両方で分析することで、より精度の高い経営判断が下せます。
・例えば、資金の流出過多が発生した際に、どの科目で予算を超過したのかを明確に確認できるため、具体的な改善策を立てやすくなります。

④融資者への説明資料として活用

・作成した経営計画に基づく予測数値や実績数値のデータを抽出し、融資者に対しても資金状況を明確に示す資料として活用できます。

・具体的な予測データを示すことで、融資者に対して計画的かつ安定的な経営がなされていることを証明でき、信頼性が向上します。
・これにより、融資の際の条件緩和や追加の借入がよりスムーズに進む可能性が高まります。

このように、経営計画データを入力することで、事業の現状や未来をより正確に把握し、資金管理や融資交渉にも役立つ強力な経営ツールとして機能します。

時間がない方や、簿記の知識が不足しているため、経営計画や資金管理に取り組むことが難しい場合でも、本書で紹介した視点を理解しておくことが重要です。

その上で、資料作成やデータの入力を経理担当者や専門家に依頼するのも一つの有効な方法です。

第7章

「借入金の真実」

1 「借入金の真実」

「決算書はすべて立替金」と言われても、多くの方にはピンとこないかもしれません。

しかし、実際のビジネスでは、お客様のために先に支払った費用、つまり「立替金の支出（費用）」が、最終的にお客様から「立替金の回収（売上）」という形で回収されるという構造は、基本的な事実です。

「借入金」がなぜ必要なのか？

もしも、お客様のために「立替金の支出（費用）」をする従業員、供給者、そして自分の家族が、事業設立時に必要な初期費用、設備投資費用、仕入費用、宣伝費、人件費、さらには家族の生活費など、すべての費用をお客様からの「立替金の回収（売上）」が入るまで待ってくれるのであれば、「借入金」は必要ありません。

もしもの話ですが、この時の「貸借対照表」はどのようになるでしょうか。

「貸借対照表」の「資産の部」には「立替金」が計上され、その金額はお客様のために「立替金の支出（費用）」をした金額です。

また、「負債の部」には「供給者未払額」（買掛金・未払費用・未払金）が計上され、こちらもお客様のために「立替金の支出（費用）」をした金額です。

「立替金」／「供給者未払額」（お客様のため「立替金の支出（費用）」をした金額）

となります。

次に、お客様に商品やサービスを提供したときの仕訳は次のようになります。

まず、立て替えた部分については、

「売掛金」／「立替金」（お客様のため「立替金の支出（費用）」をした金額）

さらに、利益部分や手数料部分は、

「売掛金」／「利益分」

となります。

次に、お客様から実際に回収があった場合、

「現預金」／「売掛金」

この「現預金」を使って、待っていてくれた「供給者」に支払います。

仕訳は次の通りです。

「供給者未払額」／「現預金」（利益部分は除く）

こうして、会社には利益部分の「現預金」が残ります。

このように「供給者」が待っていてくれるなら、「借入金」も「出資金」も必要ありません。

しかし、現実の経済では「供給者」は待ってくれません。

では、どうすれば良いのでしょうか。

利益を分けてあげることで「供給者」に待ってもらうようお願いできるかもしれませんが、現実的には待ってくれない供給者に対しては支払いが必要です。

この問題を解決するために、お客様から「立替金の回収（売上）」があるまで待ってくれる人が現れました。

それが、銀行や投資家です。

彼らは「供給者」の代わりに支払いを待ってくれます。

仕訳の例としては次の通りです。

供給者への支払いが必要なとき

「供給者未払額」／「借入金」または「出資金」

実際には、このような取引は「現預金」を通して行われます。

「現預金（預り資金）」／「借入金」

「現預金（預り資金）」／「出資金」

「供給者未払額」／「現預金（預り資金）」

この決済が行われる過程で、「借入金」や「出資金」が実はお客様から「立替金の回収（売上）」を待っているだけであるという事実が忘れられてしまうことがあります。

その後、お客様に商品やサービスを提供した際も、仕訳は同じです。

「売掛金」／「立替金」（お客様のため「立替金の支出（費用）」した金額）

「売掛金」／「利益分」

お客様からの回収があった際は、

「現預金（預り資金）」／「売掛金」

その後、融資者や出資者への返済が行われます。

※融資者や出資者は、それぞれ利息や配当という利益の部分も求めます。

「借入金」／「現預金（預り資金）」

「利益分」／「現預金（預り資金）」（利息または配当）

実務において「預り資金借入金」「運転資金借入金」「在庫資金借入金」の返済に関する仕訳は通常発生しません。

これは、実際には返済を行わず、再度同じ融資が行われているためです。

「融資者」は再び利益を得ることを目的として、「供給者」の債権を買い取るための資金を預けたままにしている状況です。

仕訳の流れとしては、最初に「預り資金・運転資金・在庫資金借入金」／「現預金（預り資金）」の仕訳が行われ、その後すぐに「現預金（預り資金）」／「預り資金・運転資金・在庫資金借入金」という再度の融資仕訳が発生します。

しかし、これらの仕訳は相殺されるため、実務上ではこれが表に表れることはありません。

重要なのは、あなたの事業における「借入金」や「出資金」が、お客様から「立替金の回収（売上）」を待っているだけの状態になっているかどうかです。

もしお客様から「立替金の回収（売上）」ができない場合、次のような状況が発生します。

「回収不能立替金」／「借入金出資金」

同様に、経営活動において失敗した支出でも同じ仕訳が発生します。

「回収不能立替金」／「借入金」

この仕訳が増え続けるとどうなるでしょうか？　それが倒産につながるのです。

このような状況を回避するため、オーナー経営者は私財を投入して、次のような仕訳を行い、適正な「借入金」として、お客様からの「立替金の回収（売上）」を待つ状態に戻さなければなりません。

「現預金」／「回収不能立替金」

「借入金」／「現預金」

この視点を持って「貸借対照表」や「損益計算書」を見ることで、初めて「決算書」を正しく読み解くことができるのです。

結論として、「決算書はすべて立替金」なのです。

2 「非減価資産」の罠

「借入金の真実」についてお話ししましたが、実際に融資者もこの真実を理解した上で融資を行っています。

ただし、万が一お客様から「立替金の回収（売上）」ができなかった場合を考慮し、融資者は担保や保証人を求めることがあります。

これ自体は当然のことですが、場合によっては保証による弊害が発生することもあります。

本来の「借入金の真実」は、お客様から「立替金の回収（売上）」ができるかどうかを基にしているはずです。

しかし、現実には、担保や保証人の存在により、お客様からの回収ではなく、担保や保証人からの回収を前提とした融資が行われることがあります。

この現象を引き起こすのが「非減価資産」（土地や借地権）の価値です。

これが「非減価資産の罠」です。

具体的に言うと、次のような仕訳が発生します。

「回収不能立替金」／「借入金」

「融資者」は、担保や保証人から元金を回収できる金額までは、「運転資金」という名目で融資を続けますが、実際には「赤字補填資金」の融資となっています。

そして、この仕訳が続き、合計額が土地や借地権の売却可能な額に到達すると、融資はストップします。

こうなると、収益力が低下した状況で元金の返済ができなくなり、企業は破産に追い込まれる可能性が高くなります。

特に、オーナー企業や同族経営の場合、「非減価資産」の価値に頼り、収益力を無視して高額な役員報酬や私的流用が行われていることがあります。

その結果、実際には見えない形で「回収不能立替金」／「借入金」の仕訳が増えていきます。

こうした状況を見過ごしてきた経営者の責任は大きいですが、同時に「融資者」が「借入金の真実」に目をつぶっていた責任も少なくないと考えます。

やがて、元金の返済ができなくなり、破産手続きが始まります。

その際、次のような仕訳が行われます。

①会社の土地や借地権を売却して融資者に返済する場合

「現預金」／「非減価資産」

「借入金」／「現預金」

②保証人の土地や借地権を売却し、会社に貸し付ける場合

「現預金」／「土地・借地権」

「会社貸付金」／「現預金」

③会社が保証人から借入れして返済する場合

「現預金」／「保証人借入金」

「借入金」／「現預金」

最終的に、会社に残るのは次の仕訳です。

「回収不能立替金」／「保証人借入金」

もし、オーナー企業が放漫経営をしていた場合、このような結果は自業自得かもしれません。

しかし、需要の縮小など外部の環境変化によって、どうしてもお客様から「立替金の回収（売上）」ができない場合もあります。

この「非減価資産の罠」に陥る前に、従業員や供給者、融資者に大きな迷惑をかけないためにも、撤退する判断が必要です。

個人的には、中小企業診断士や経営コンサルタントの助言を早い段階で求めることをお勧めします。

もちろん、これらの専門家にも得手不得手があり、信頼できる人を見つけるのは難しいかもしれませんが、適切な助言を得ることが経営改善のカギとなります。

理論上、競合他社が成功しているのであれば、自社でもそれを実現できる可能性は十分にあります。

長年の慣習や情報不足によって歪んだバランスを正し、助言を活用して「立替金の支出（費用）」と「立替金の回収（売上）」のバランスを改善していくことが重要です。

3「補助金」の諸刃の剣

「補助金」は、お客様のために「立替金の支出（費用）」を補填するための大きな支援となる一方で、使い方を誤ると企業にとって「諸刃の剣」となります。

この点について、しっかりと意識しながら経営判断を行うことが極めて重要です。

多くの企業が、競争の激しい市場の中で価格を下げたいと考え、補助金を利用してその「立替金の支出（費用）」をカバーし、結果としてお客様からの「立替金の回収（売上）」に反映させます。

短期的には、お客様に喜ばれ、競争力を高める効果があるかもしれません。

しかし、その状況が続くと、次第にその低価格が「当たり前」となり、業界全体が価格競争に巻き込まれます。

問題は、「補助金」が一時的なものである点です。

補助金が終了した後、価格を戻そうとするとお客様の反発を招き、価格を元に戻せない状況に陥る可能性が高まります。

競合他社も同様に値下げを余儀なくされ、結果的に業界全体の収益力が低下し、企業は赤字に陥ることがあります。

このようなリスクを避けるためには、補助金に依存しすぎず、利益が確保できるビジネスモデルを構築することが必要です。

補助金に頼りすぎることなく、自社の収益構造や市場の状況を慎重に見極めることが、持続可能な経営にとって重要です。

補助金は一時的な助けとなり得ますが、長期的な成長や持続可能性を達成するためには、外部の助けに依存せず、独自の収益モデルを確立することが不可欠です。

安直であるのですが、物価上昇率が約2％であることだけを考慮すると、実質的な簿外資産・含み益資産・特別償却等を加味した「純資産の部」の金額に対して最低でも3％の税引前利益を確保することが企業の持続可能性にとって重要な指標です。

この基準を下回る場合、持続可能でない可能性が高いことを認識する必要があります。

補助金を活用しつつも、価格水準や自社の収益構造をしっかりと理解し、最低限の利益を確保する経営を行うことが経営者に求められる姿勢であり、これにより長期的な安定と成長を目指すことができるのです。

物価上昇や市場環境を考慮しながら自社の純資産に対する収益を確保し続ける必要があ

り、補助金に依存しすぎると持続可能性を損なうリスクがあるため、バランスの取れた経営が重要です。

あとがき

本書を終えるにあたり、少しネガティブな話となりますが、企業経営に取り組む日々の忙しさの中で、なかなか自社の経営状況を見直す時間を確保するのが難しいのが現実です。

従業員も厳しい競争環境の中で、日々の業務に追われ、経営状況の把握に時間を割くことは難しいでしょう。

これまで取り組んでいない新たなことに挑戦するとなると、今でも忙しいのにさらに忙しくなるという抵抗感があるかもしれません。

しかし、一度本書を参考にして経営状況を見直し、経営計画を会計データとして入力すれば、今後、経営課題に安心して取り組むことができるようになります。

時間がない方や、簿記の知識に自信がない方は、本書の視点を理解し、資料作成は経理担当者や専門家に任せることも検討してみてください。

経営者の中には、融資の稟議対応のために、実現不可能な損益計画を提出し、実際には目標としていない企業もあります。

このような状況では、従業員のモチベーションが上がることは期待できません。なぜなら、どんなに頑張っても実現不可能な計画に基づいて動いているからです。営業目標を達成しても、その後さらに高い壁が待っているという「地獄」のような状況では、モチベーションの維持は困難です。

実現可能な経営計画を策定することで、従業員のモチベーションは向上し、企業の健全な発展につながると考えます。

税理士は企業の利益を基に税金を計算する役割を担っていますが、企業の経営戦略や従業員のモチベーションを直接サポートする立場ではありません。

ただし、中小企業診断士や経営コンサルタントとして活躍している税理士も多数います。

企業が健全に成り立ち、資金繰りを確実にするためには、専門家の協力が不可欠です。税理士の顧問料内の業務にとどまらず、真の「経営計画」作成のためにスポットでの依頼をお願いすることをお勧めします。

それが、企業の未来をより確かなものにするための大きな一歩となるでしょう。

本書が、皆様の経営に役立つことを心より願って、締めくくらせていただきます。

【参考】

「貸借対照表」

Ⅰ．「資産の部」	Ⅱ．「負債の部」・「純資産の部」
１．「預り資金」 ２．「預け預り資金」 ３．「付随資産」流動	１．１．「預り資金借入金」
	２．１．１．「預り資金出資資本金」
	２．１．２．「引当金」
	３．１．「付随負債」固定
	３．２．「付随負債」流動
	３．３．「付随負債」法人税等
４．「売上債権」	４．１．間接費「供給者未払額」
	１．２．「運転資金借入金」
	２．２．「運転資金出資資本金」
５．「棚卸資産」	４．２．直接費「供給者未払額」
	１．３．「在庫資金借入金」
	２．３．「在庫資金出資資本金」
６．「減価資産」	１．４．「減価資産資金借入金」
	２．４．「減価資産資金出資資本金」
７．「非減価資産」	１．５．「非減価資産資金借入金」
	２．５．「非減価資産資金出資資本金」
８．「預り保有資産」	５．「預り保有資産出資資本金」
９．「付随資産」固定	１．６．「「付随資産」固定資金借入金」
	２．６．「「付随資産」固定資金出資資本金」
10．「不良資産」	１．７．「赤字補填資金借入金」
	２．７．「赤字補填資金出資資本金」
11．「資産の部」合計額 （１．＋…＋１０．）	６．「負債の部」・「純資産の部」合計額 （１．＋…＋５．）

※Ⅰ．１１．＝Ⅱ．７．

※「借入金」合計（１．１．＋…＋１．７．）

※「純資産」合計（２．１．＋…＋２．７．）

注：簿外資産・負債を反映させる。

「損益計算書」

<table>
<tr><th>Ⅲ.「売上原価の部」・「販管費等の部」等</th><th>Ⅳ.「売上の部」</th></tr>
<tr><td>1.「直接対応」「資金項目」</td><td rowspan="9">1.「立替金の回収
（売上）」確定額</td></tr>
<tr><td>2.「直接対応」「非資金項目」</td></tr>
<tr><td>「売上原価」
（1. ＋2.）</td></tr>
<tr><td>3.「間接対応」「資金項目」
（販売費・人件費・管理費・支払利息等）</td></tr>
<tr><td>4.「間接対応」「非資金項目」
（減価償却費・保険料等）</td></tr>
<tr><td>「販管費等」合計
（3. ＋4.）</td></tr>
<tr><td>5.「付随損失」</td></tr>
<tr><td>6.「特別償却」（減価償却費）</td></tr>
<tr><td>7.「引当金額」</td></tr>
<tr><td>8.「法人税等」</td><td>2.「付随利益」</td></tr>
<tr><td>9.「期間差額」（当期純利益）</td><td>3.「引当戻入」</td></tr>
<tr><td>10. Ⅲ.「売上原価の部」等合計額
（1. ＋…＋9.）</td><td>4.Ⅳ.「売上の部」合計額
（1. ＋2.）</td></tr>
</table>

※Ⅲ. 10. ＝Ⅳ. 3.

	Ⅵ．「資金流出額の部」
	１．「仕入高等」の支払額 （Ⅱ．４．２．直接費「供給者未払額」期首残高＋Ⅲ． ２．期中「仕入高等」－Ⅱ．４．２．直接費「供給者未払額」期末残高
	２．「販管費等」の支払額 （Ⅱ．４．１．間接費「供給者未払額」期首残高＋Ⅲ． ５．「資金項目」－Ⅱ．４．１．間接費「供給者未払額」期末残高
	３．「法人税等」の支払額
	４．「減価資産」取得の支払額
	５．「非減価資産」取得の支払額
	６．１．「出資者」の「預り資金出資額」の減少額
	６．２．「出資者」の「運転資金出資額」の減少額
	６．３．「出資者」の「在庫資金出資額」の減少額
	６．４．「出資者」の「減価資産資金」の減少額
	６．５．「出資者」の「非減価資産資金出資額」の減少額
	６．６．「出資者」の「預り保有資産資金出資額」の減少額
	６．７．「出資者」の「赤字補填資金出資額」の減少額
	７．１．「融資者」への「預り資金借入金」の返済額
	７．２．「融資者」への「運転資金借入金」の返済額
	７．３．「融資者」への「在庫資金借入金」の返済額
	７．４．「融資者」への「減価資産資金借入金」の返済額
	７．５．「融資者」への「非減価資産資金借入金」の返済額
	７．６．「融資者」への「「付随資産」固定資金借入金」の返済額
	７．７．「融資者」への「赤字補填資金借入金」の返済額
	８．「その他雑損失・保険金等」の支払額
	９．「預け預り資金」の支払額
	10．「付随資産」の支払額
	11．「付随負債」の支払額
	12．「預り保有資産」の支払額
	13．「不良資産」の支払額
	14．「出資者」への配当額
	15．「出資者」への出資戻額
	16．Ⅰ．１．「預り資金」の期末残高
	17．「資金流出額の部」合計額 （１．＋…＋１６．）

「資金収支表」

Ⅴ．「資金流入額の部」	
1．Ⅰ．1．「預り資金」の期首残高	
2．立替部分	2．「立替金の支出（費用）」の回収額 （Ⅰ．4．「売上債権」期首残高＋Ⅳ．1． －Ⅰ．4．「売上債権」期末残高－当期純利益）
3．利益部分	3．1．「出資者」の「預り資金出資額」の増加額
	3．2．「出資者」の「運転資金出資額」の増加額
	3．3．「出資者」の「在庫資金出資額」の増加額
	3．4．「出資者」の「減価資産資金出資額」の増加額
	3．5．「出資者」の「非減価資産資金出資額」の増加額
	3．6．「出資者」の「預り保有資産資金出資額」の増加額
	3．7．「出資者」の「赤字補填資金出資額」の増加額
4．借入部分	4．1．「融資者」からの「預り資金借入金」の借入額
	4．2．「融資者」からの「運転資金借入金」の借入額
	4．3．「融資者」からの「在庫資金借入金」の借入額
	4．4．「融資者」からの「減価資産資金借入金」の借入額
	4．5．「融資者」からの「非減価資産資金借入金」の借入額
	4．6．「融資者」からの「「付随資産」固定資金借入金」の借入額
	4．7．「融資者」からの「赤字補填資金借入金」の借入額
その他	5．「その他雑収入・保険金等」の入金額
	6．「預け預り資金」の入金額
	7．「付随資産」の入金額
	8．「付随負債」の入金額
	9．「預り保有資産」の入金額
	10．「不良資産」の入金額
	11．「出資者」への配当による「出資額」の減少額
	12．「出資者」からの出資額
13．「資金流入額の部」合計額 （1．＋…＋12．）	

※Ⅴ．13．＝Ⅵ．17．
当期純利益＝（Ⅴ．3．1．＋…＋Ⅴ．3．8．）－（Ⅵ．6．1．＋…＋Ⅵ．6．

〈著者紹介〉
北川勝也（きたがわ かつや）
昭和 47 年生まれ。
平成 9 年　税理士法人鈴木税理事務所（岡山県
　　　　　岡山市）入所。
平成 19 年　税理士登録、現在に至る。

決算書《けっさんしょ》はすべて立替金《たてかえきん》

2025 年 2 月 19 日　第 1 刷発行

著　者　　北川勝也
発行人　　久保田貴幸

発行元　　株式会社 幻冬舎メディアコンサルティング
　　　　　〒151-0051　東京都渋谷区千駄ヶ谷4-9-7
　　　　　電話　03-5411-6440（編集）

発売元　　株式会社 幻冬舎
　　　　　〒151-0051　東京都渋谷区千駄ヶ谷4-9-7
　　　　　電話　03-5411-6222（営業）

印刷・製本　中央精版印刷株式会社
装　丁　　弓田和則

検印廃止

Printed in Japan
ISBN 978-4-344-69204-6 C0034
幻冬舎メディアコンサルティングＨＰ
https://www.gentosha-mc.com/